ON N'EST PAS DES COURGES !

Comment être une bonne mère indigne ?

Retrouvez l'auteur sur son blog
penseesderonde.mabulle.com

Direction : Jean-François Moruzzi, Pierre-Jean Furet
Responsables de collection :
Delphine Kopff-Hausser, Tatiana Delesalle-Féat
Conception graphique des couvertures :
Sarbacane/Jean-Marie Donat
Conception et réalisation intérieure : Jacqueline Bloch
Secrétariat d'édition : Anne Vallet, Charlotte Müller
Fabrication : Amélie Latsch
Responsable des relations presse et des droits étrangers :
Johanna Rodrigue
Contact presse : Camille Carlier
Contact commercial/partenariats : Sophie Augereau

ON N'EST PAS DES COURGES !

Caroline Desages

Comment être une bonne mère indigne ?

HACHETTE
Pratique

Sommaire

Première partie : je pige (enfin) tout !

Avant-propos

Il y a deux sortes de mères. Celles qui, le premier jour de crèche, errent en pleurs dans la rue en attendant qu'il soit l'heure d'aller chercher le fruit de leurs entrailles et qui ont beau chercher, ne voient pas l'intérêt d'une séparation aussi cruelle. Ces mères-là – mais existent-elles vraiment ? – n'ont jamais attendu avec impatience l'heure de la sieste pour voler quelques minutes de tranquillité ou coller leur progéniture devant *Les Teletubbies®* pour téléphoner en toute quiétude à leur meilleure amie. Il va de soi que ces mères parfaites ont passé une grossesse sereine, épanouissante, et qu'elles ont adoré leur accouchement qui restera à jamais pour elles LE moment fondateur de leur vie de maman.

Et puis il y a les autres mères, qui une fois la porte de la fameuse crèche franchie, ressentent une incomparable sensation de liberté absolue. Immédiatement assombrie par une vague de culpabilité. C'est vrai, quels atroces monstres peuvent-elles être pour éprouver de la joie à l'idée de s'être DÉBARRASSÉES de leur enfant ?

Si vous êtes de ces femmes-là, bienvenue dans le parcours du combattant de la mère indigne !

Caroline Desages

1

je pige (enfin) tout !

Le mythe de la grossesse

Une bonne mère indigne commence son apprentissage dès la conception de son bébé. Alors que ses amies nagent dans une félicité pleine d'hormones, la future mère indigne est certes heureuse… mais pas totalement. Et cette incapacité à vivre pleinement sa grossesse fait naître un sentiment de culpabilité dont il va être difficile de se défaire. En gros, se dit-elle, si elle ne ressent pas QUE du bonheur, c'est peut-être qu'elle est déjà une mauvaise mère…

« La grossesse, c'est tellement formidable… »

La pression commence là. Peut-être même un petit peu avant d'ailleurs parce qu'à partir du moment où vous êtes en âge de procréer, en couple et sans problème physiologique flagrant, le fait même de ne pas vouloir d'enfant est un acte politique extrêmement osé. Donc, déjà, la bonne maman, celle que les livres citent en exemple, a DÉSIRÉ son petit trésor avant même de le concevoir. Autant dire qu'une fois la petite graine implantée, le sourire est de rigueur. Voire, obligatoire. Des nausées, des étourdissements, une envie de dormir dès 10 h du matin ? Souriez. Un odorat qui ne vous laisse aucun doute quant à l'hygiène défectueuse de votre voisin de métro, une overdose hormonale qui vous fait pleurer dès le générique des *Feux de l'amour* ? Souriez. Une crise d'acné caractéristique de votre état – pas de bol, ça touche 5 % des femmes enceintes et c'est pour vous –, les cheveux gras comme si vous aviez à nouveau 14 ans ? Souriez. Bref, vous m'avez comprise, ce bébé, vous l'avez voulu – si si, absolument –, manquerait plus que vous ne hurliez pas votre bonheur au monde entier. En ces temps où la grossesse est le plus souvent un choix mûrement réfléchi, voire un parcours du combattant pour certaines, il est donc inconcevable de ne pas être tout simplement heureuse une fois que son ventre s'arrondit.

Pourtant, la grossesse n'est parfois pas tout à fait le Pérou…

Oui, parfois, être enceinte, ça vous tombe dessus et même si vous l'avez fortement désiré, finalement ce n'est pas ce à quoi vous vous attendiez. Déjà, vous pensiez que vous seriez comme Claudia, Gwyneth, Angelina et compagnie et que, jusqu'au sixième mois, vous pourriez mettre vos jeans en dégrafant à la rigueur le bouton. Le problème, c'est qu'a priori, vos hanches ont décidé de faire une énorme place au bébé, histoire qu'il soit bien à son aise le petit chéri. Du coup, le jean, dès la 12e semaine, vous pouvez l'oublier pour une bonne année. Au placard aussi les talons qui font mal au dos, les bas qui coupent la circulation et même la cire dépilatoire qui pourrait vous donner des varices selon l'esthéticienne en laquelle vous placez une confiance aveugle. Bref, après les premières semaines durant lesquelles vous avez vomi consciencieusement tous les matins à la station « Invalides » de la ligne 8, une évidence s'impose à vous : les mois qui restent risquent d'être légèrement moins folichons que prévu…

Blog de fille ...

Même les plus vernies de mes copines, celles qui sont aujourd'hui plus minces qu'avant leur grossesse – oui, toi, là, tu vois très bien de qui je parle, oui oui... –, ont tout de même eu droit à leur traversée du désert. Je parle de ces trois mois pendant lesquels votre ventre, jusque-là joliment tendu, prend la consistance et l'apparence de la « jelly » anglaise. Ces semaines durant lesquelles tout porte à croire que vous êtes encore enceinte – d'ailleurs votre boulangère en semble convaincue puisqu'elle vous a demandé à votre retour de la maternité quand est-ce que « ce petit compte se décider à sortir » –, sauf que bébé chéri est bel et bien en train de hurler dans son couffin. Ces jours funestes où le moindre mot de votre belle-mère déclenche une crise de larmes et pendant lesquels l'idée même que l'homme s'aventure à toucher autre chose que vos cheveux déclenche en vous des envies de l'émasculer. Au moins, vous dites-vous, il vous fichera la paix et surtout il ne risquera plus jamais de vous refiler sa fameuse petite graine. ...

Où est passé mon instinct ?

Ensuite, outre les petits désagréments physiques déjà évoqués plus haut et sur lesquels je ne reviendrai pas, plus vous vous arrondissez, plus ce bébé devient vraiment une personne – merci Françoise Dolto –, plus vous vous sentez... paniquée. Pourquoi ? Parce que vous le cherchez partout et que vous ne le trouvez pas. Quoi donc ? Votre instinct maternel. Ce sentiment censé vous submerger, vous faire oublier le reste du monde et vous dépasser. Pour l'instant, la seule chose qui vous dépasse, c'est de devoir aller faire pipi toutes les huit minutes, ce qui, dans une réunion de travail de haut niveau, est pour le moins inconvenant. Il vous faut l'admettre, vous êtes au mieux attendrie de sentir les petits coups de pieds de votre futur bambin, au pire juste très angoissée à l'idée de rejoindre ce monde inconnu des « mamans ». Voire terrifiée à la perspective de quitter pour un temps celui des femmes actives et sexy qui ont en plus, les chanceuses, le droit de boire du champagne. Parce que tant qu'à déballer l'inavouable, allons-y franchement : vous avez bien intégré que l'alcool c'est très très mauvais pour le fœtus et vous n'y dérogez pas, mais voilà, vous êtes déprimée rien qu'à l'idée d'un verre de jus d'orange ou de soda, et vous rêvez secrètement d'une bière bien frappée au comptoir d'un bar enfumé. Forcément, quand vous parlez de ça à votre copine Anaïs qui devrait accoucher au même moment que vous et qui, pour sa part, a des étoiles dans les yeux à la simple vue d'un paquet de couches, vous vous retrouvez face à un mur d'incompréhension. C'est à ce moment-là qu'en général s'insinue en vous cette certitude qui risque de vous miner pour un bon bout de temps : vous allez être une mère indigne.

Blog de fille ...

Quand je vois ces stars du cinéma ou top models qui nous exhibent leurs nouveau-nés en Une des magazines tout en se pavanant en skinny et torse nu, histoire de bien nous montrer que leurs seins n'ont pas subi la moindre loi de la pesanteur – n'y aurait-il que les miens qui se soient soumis à ce phénomène physique sans même tenter de se battre ? –, et bien moi je N'Y CROIS PAS. Je soupçonne même très sérieusement l'existence d'un véritable business parallèle là-dessous. Un genre de marché noir de mignons moutards aux yeux bleus – avez-vous en plus remarqué que jamais un seul des bébés de people n'est moche ? Pas d'acné du nourrisson, pas de strabisme, pas de conjonctivite ni de crâne déformé par les forceps – qui permettrait de choisir son bébé sur catalogue le temps d'un reportage pour « Gala ».

Non parce que je vous parle de l'après et de cette ligne retrouvée miraculeusement trois jours après l'accouchement.

Mais pendant la grossesse, tout porte également à croire que nous ne sommes pas logées à la même enseigne. Autant les actrices/tops/chanteuses/people s'exhibent les trois ou quatre premiers mois, autant après... plus rien. Et soudain, alors que quelques semaines plus tôt on les voyait la main posée sur un délicieux petit ventre rebondi, les fesses moulées dans un jeans dont elles se contentent de laisser le deuxième bouton ouvert – alors que vous, au deuxième mois déjà, votre 501 était roulé en boule au fond du sac à linge sale, suite à un refus de passer le cap des cuisses –, on vous apprend qu'elles ont accouché.

Je vous dis, il y a anguille. Soit cette grossesse n'a jamais eu lieu, soit un savant génial a trouvé le moyen de raccourcir la gestation à cinq mois mais les retombées de cette invention sont réservées à une élite. Et pendant que la femme lambda – genre vous ou moi – se voit, à compter du 7e mois, transformée en baleine perclue de douleurs condamnée à compter jour après jour les nouvelles vergetures qui viennent à jamais zébrer son ventre, les élues, elles, passent à côté de toutes ces réjouissances. Elles ont à peine le temps de se dandiner en robes ultra-moulantes, de continuer « une vie de femme active parce que la grossesse n'est pas une maladie » et de préparer un trousseau Bonpoint®, Baby Dior® et compagnie, que hop, l'enfant paraît, dans la sérénité et sans douleur grâce à tous les cours de Pilates et de yoga suivis ces derniers mois. ...

Quand les langues se délient

Parfois, pourtant, il suffit de pas grand-chose pour s'apercevoir qu'en réalité, même la sainte – et paraît-il vierge Marie – s'est sûrement posé un paquet de questions avant de mettre au monde le petit Jésus. Rendez-vous compte : pas de maison, un mari certes brave mais dont elle n'est pas vraiment convaincue qu'il est le père, rapport à toute cette histoire avec l'ange Gabriel, le froid, l'étoile du Berger pour seule indication géographique et au final un âne et un bœuf en guise de sages-femmes. Vous croyez vraiment qu'avec tout ça Marie était zen ? Moi en tout cas je suis bien persuadée que des idées noires et des angoisses, elle en avait des tonnes. Et croyez-moi, Anaïs en a aussi. Pourquoi ? Parce que. Il faut que je développe ? Ok. Alors voilà : Anaïs, de même que Léa, Chloé, Amina ou Margharita et toutes leurs sœurs de par le monde ont peur de ne pas être à la hauteur. Tout simplement parce qu'être maman, ce n'est pas si naturel que ça. Et que, certes, on a été conditionnées pendant des années avec nos poupées, mais on ne sait pas pour autant avant de l'avoir vécu

conseil ULTRA-filles

Ce n'est pas parce que vous êtes enceinte que vous êtes malade ou que vous devez devenir bonne sœur. Il n'y a aucune raison de se couper de toute vie sociale. Continuez donc à sortir avec vos copines, même dans les bars, dans les coins non-fumeurs. Et cessez de commander un bête jus d'orange ou une limonade fadasse. Les cocktails sans alcool, c'est tout de même plus fun !

ce que mettre un enfant au monde signifie. Créer un être de toutes pièces dont on va s'occuper pour le restant de nos jours, c'est juste un truc de fou. D'ailleurs, si on y réfléchissait vraiment, on ne le ferait jamais.

À chacune sa peur

Ces peurs s'expriment juste de façon différente. Vous, c'est de perdre votre place au travail qui vous terrifie. Du coup, vous ne cessez de vous demander avec angoisse si vous n'aimez pas plus votre boulot que le fruit de vos entrailles. Anaïs, quant à elle, est peut-être taraudée par la peur de faire tomber son bébé de la table à langer. Quand à Chloé, elle est heureuse, bien sûr, mais elle est terrorisée à l'idée que son mari ne veuille plus jamais la toucher, étant donné qu'elle-même se dégoûte avec toutes ses vergetures violettes qui lui strient le ventre. Quoi qu'il en soit, dès qu'on gratte un peu, le mythe de la future maman noyée dans sa béatitude et transfigurée de bonheur a tendance à s'effriter. Il suffit juste de dégainer la première et d'avouer à Anaïs que ce bébé, bien sûr vous

conseil filles

Ne lisez pas trop de livres sur la grossesse. En avoir un qui vous permet de comprendre ce qui se passe dans votre corps, c'est très bien. Mais point trop n'en faut. Pourquoi ? Parce que ces livres abordent TOUS les aspects de la grossesse. Incidents de parcours et problèmes graves compris. Et vous avez assez de raisons de psychoter sans en rajouter certaines auxquelles vous n'aviez pas pensé toute seule.

allez l'aimer, mais que vous craignez de ne pas le faire comme il faudrait. Je ne lui donne pas cinq minutes pour que le masque tombe et qu'elle vous confie que pour sa part, elle a vraiment très peur de tourner de l'œil au premier caca un peu trop mou. D'où son ravissement pour les couches…

Blog de fille ...

La grossesse, ce n'est pas fashion. Je ne dis pas cela parce qu'il m'a fallu au bas mot quatre mois avant de ranger définitivement mes si charmants pantalons de grossesse, et au moins le double pour que les cernes qui me dévoraient littéralement la figure s'estompent. Je ne dis pas ça non plus parce qu'au lendemain de mon accouchement j'ai réalisé que tous ces amis qui m'assuraient, certains de leur fait, que je n'avais pris « que dans le ventre », s'étaient totalement plantés. Non qu'ils fussent flatteurs ou hypocrites ou qu'ils aient voulu me ménager. En réalité, mon ventre était devenu si gigantesque que tout le reste semblait svelte. J'étais à moi toute seule un exemple vivant de la théorie de la relativité, en somme.

Bon, bref, je digresse beaucoup mais, vous

l'aurez compris, je m'insurge contre cette image totalement inepte et dépourvue de vérité qu'on nous vend de la grossesse. Être enceinte est devenu fashion, nous dit-on une semaine sur deux dans « Elle » ou autre féminin. Si j'ai été heureuse comme jamais pendant ces mois de couvade, je voudrais pourtant m'inscrire en faux. Être enceinte, c'est tout ce qu'on veut, mais ce N'EST PAS FASHION. Et c'est une femme qui a constaté avec un intérêt presque scientifique quelques jours après avoir accouché qu'elle pouvait enfoncer son bras jusqu'au coude dans son abdomen sans rencontrer la moindre résistance, qui vous l'assure. ...

Quand l'enfant paraît...

À l'une de ses patientes pétrie de culpabilité et particulièrement inquiète de ne pas se sentir mère à trois jours de l'accouchement, une sage-femme a eu ces mots, qui montrent d'ailleurs soit dit en passant que ces professionnelles n'ont pas volé leur nom : « *Oui, vous êtes angoissée. Vous vous posez des questions, vous n'êtes plus tout à fait sûre de vouloir ce bébé, vous êtes persuadée que vous serez en dessous de tout. Vous savez quoi ? Je trouve ça très*

rassurant. Parce que vos fameuses amies qui attendent avec impatience et soi-disant sans l'ombre d'un soupçon d'appréhension la venue de leur enfant, je ne donne pas cher de leur sérénité une fois qu'elles auront accouché. Il faut arrêter de croire qu'avoir un bébé, c'est comme s'acheter un nouveau sac, ou autre accessoire à la mode. Avoir un bébé, c'est merveilleux et en même temps, c'est un bouleversement. C'est aussi beaucoup de fatigue, de contraintes, de problèmes. Refuser d'affronter cette réalité, ça peut être aussi dommageable que de trop s'inquiéter. »
Bon, et bien voilà, qu'est-ce que j'ajoute, moi ? Pas grand-chose à vrai dire. Mis à part que, pardonnez-moi l'expression, une fois que l'enfant paraît, vos emm… heu, ennuis, ne font que commencer. Et le pire, c'est que vous allez en redemander tellement c'est, malgré tout, formidable. Voilà. Je crois que je la tiens ma définition de la bonne mère indigne : c'est une mère qui a conscience qu'un enfant, c'est un énorme mais adorable problème. Et croyez-moi, plus vite on en a conscience, plus vite on apprend son métier de maman…

La pression de la mère parfaite

Une fois que son enfant est venu au monde et qu'elle a donc passé avec plus ou moins de bonheur l'épreuve de la grossesse et de l'accouchement, la mère parfaite se doit de retourner fissa au travail, sous peine de donner un modèle archaïque à sa progéniture. Toutefois, cet emploi ne doit pas la détourner de la chair de sa chair, ni la dispenser de se tuer à la tâche pour que ses rejetons soient à la fois épanouis, prêts à apprendre à lire dès l'âge de 4 ans et propres à 1 an. Comment rivaliser avec les wonder women qui parviennent à être des Barbara Gould à la ville et des Mary Poppins à la maison ?

À peine remise de l'épisiotomie, il faut renfiler son slim

Vous pensiez bénéficier d'un petit temps de latence, d'un délai raisonnable pour perdre les 26 kg pris honteusement pendant la grossesse alors que bien évidemment cette garce d'Anaïs n'en a pris que 9, dont 12 perdus sur la table d'accouchement ? Alors là, désolée de vous dire les filles que vous vous fourrez le doigt dans l'œil jusqu'à l'omoplate, voire plus loin si c'est possible. C'est comme ça. Autant on vous a trouvée merveilleuse avec vos seins énormes et votre ventre tout rond pendant ces neuf derniers mois, autant là maintenant, et bien vous sentez que vous êtes juste… à plaindre. Et voilà. Terminé la récré, va falloir me retendre bien vite cet abdomen tout mou, et dans trois semaines minimum, refermer le bouton de ce jean acheté alors que vous étiez en pleine période anorexique. Il est évident qu'en même temps, vous vous devez de vous occuper avec ravissement de votre insomniaque de bébé qui, quoi, comment, horreur, ne fait toujours pas ses nuits. En somme, il vous faut ressembler à Cindy Crawford en couverture de *Vogue*, le teint rose, la taille fine et son adorable petite fille lovée dans ses bras. Sauf que vous, votre petite fille a de l'acné du nourrisson, se tord dans tous les sens en raison de coliques abominables et que même vos pantalons de grossesse vous semblent trop petits. En même temps, peut-être que votre petite fille et vous, vous êtes juste des vrais gens normaux. En plus, à tous les coups, Cindy, elle est photoshopée à mort et même que si ça se trouve, dans ses bras, c'est une poupée Corolle®.

conseil ULTRA-filles

Au retour de la maternité, n'essayez pas de remettre vos habits d'avant grossesse. Achetez des habits plus grands que d'habitude pour votre retour à la maison… mais surtout pas au rayon femme enceinte ! C'est comme ça, c'est psychologique, remettre les habits de grossesse une fois le bébé né, ça rend agressive. Je ne sais pas pourquoi, mais c'est un sentiment unanimement partagé par toutes les nouvelles mamans.

Allaiter en travaillant...

Il va sans dire également que, dans l'opinion publique, une mère parfaite du XXIe siècle allaite son enfant. Et que bien évidemment, ça se passe impeccablement bien. D'ailleurs, Anaïs vous le répète sans cesse. Son petit Malo tête comme un goulu à heures fixes sans qu'elle ait eu besoin de faire quoi que ce soit. Les crevasses ? Elle ne connaît pas. Les taches immondes sur ce chemisier en soie que vous arrivez à fermer à nouveau depuis deux jours ? Jamais vu ça, Anaïs. Alors que vous, en bonne mère indigne, vous allaitez, mais forcément ce n'est pas tout à fait le paradis. Déjà, Pupuce n'aime que le sein gauche. Impossible de savoir pourquoi, mais le fait est que le droit est engorgé et que vous souffrez le martyre, à tel point qu'il vous faut le vider sous la douche. Jamais vous n'auriez pensé un jour avouer à votre meilleure copine que vous avez en quelque sorte procédé à la traite de votre sein droit. Ensuite, Pupuce ne boit pas tout

le mot de la pro

> En mettant de moins en moins bébé aux seins, ils seront moins stimulés, ce qui tarira progressivement votre production lactée. Le sevrage de l'allaitement est une étape naturelle mais qui mérite d'être abordée en douceur et graduellement. Ainsi, les périodes de stress, de changement, de séparation, sont à éviter avant de démarrer un sevrage. Votre enfant et vous-même devrez être psychologiquement et matériellement disponibles[2].

à fait à heures fixes. Enfin, si. Elle boit à heures fixes… toutes les demi-heures. Cerise sur le verre d'eau, alors que vous êtes à deux jours de reprendre le boulot, votre adorable bambinette refuse catégoriquement de tester ce qui ressemble de près ou de loin à un biberon. Donc vous êtes à deux doigts d'envisager de l'emmener en cachette avec vous au boulot pour soulager vos seins qui n'en finissent pas de produire, de produire, de produire… Bref, une fois de plus, la pression de la mère parfaite s'abat sur vous. Soit vous arrêtez brusquement l'allaitement au risque de traumatiser à vie Pupuce, mais en vous assurant une rentrée au travail malgré tout plus facile qu'avec des coques en plastique dans le soutien-gorge. Soit vous devenez l'esclave de Biquette jusqu'à la fin de vos jours et vous sortez en cachette du boulot pour lui donner à manger. Que choisit la mère indigne ? Devinez…

Baby blues quand tu nous tiens…

Encore un mythe que je me dois de détruire : le baby blues, ça peut durer un peu plus longtemps que quelques heures à la maternité. Je crains même que parfois ça puisse s'éterniser… jusqu'aux vingt ans de Loulou. Non, c'est vrai, il y a le baby blues hormonal, qui vous tombe dessus quelques jours après l'accouchement. Celui-ci est accepté et intégré par l'ensemble de la bonne société. On a comme qui dirait le droit de pleurnicher pour tout et n'importe quoi, que ce soit quand l'immonde plateau-repas de la maternité arrive, quand l'homme part fumer une cigarette

le mot de la pro

Le baby blues est une réaction postnatale relativement fréquente, mais qui doit toutefois être prise au sérieux. Il survient dans les 3 à 10 jours suivant l'accouchement. Rassurez-vous, cet état ne dure jamais bien longtemps : en l'espace de quelques heures à quelques jours, vous vous sentirez à nouveau la plus heureuse des mamans. En revanche, la prudence s'impose si cette déprime se prolonge au-delà de 15 jours et/ou s'intensifie : la véritable dépression n'est peut-être pas loin. Mieux vaut alors consulter un médecin sans tarder.

et qu'il nous abandonne donc littéralement, ou quand notre bébé a le hoquet et que si ça se trouve, c'est la preuve d'une maladie incurable. Seulement voilà, c'est comme pour tout, il ne faut pas que ça s'éternise de trop. Une nouvelle maman a droit environ à trois jours de larmes. Ensuite, au mieux elle énerve, au pire elle est cataloguée dépressive. Ce qui est peut-être le cas. Mais qui ne devrait pas non plus être une raison pour l'abandonner à son triste sort.

Devenir mère, c'est parfois dire m... à la sienne

Se sentir très malheureuse alors que votre petit amour dort comme un ange dans son berceau, ça ne veut pas dire que vous ne l'aimez pas. Ça signifie juste que devenir maman, ça ne règle pas tous les problèmes. Parfois même, ça en met certains en évidence dont on ne soupçonnait pas l'existence. Comme le fait, par exemple, que votre propre mère vous tape sur les nerfs. Depuis vingt ans. Et que vous ne lui avez jamais dit. Mais là, son air effrayé à chaque fois que vous essayez de mettre un body à Pupuce sans lui déboîter une épaule, ça vous stresse. Énormément. Pour devenir mère, il faut parfois en finir une bonne fois pour toutes avec l'idée que la vôtre était ce qui se fait de mieux en la matière. Et cesser de se convaincre qu'on ne lui arrivera jamais à la cheville étant donné qu'elle, elle a tout sacrifié pour nous. Jusqu'à en arrêter de travailler… Jusqu'à s'oublier elle-même… Jusqu'à peut-être en perdre toute féminité… Jusqu'à surtout vous gâcher votre adolescence à force de ne pas vous lâcher d'une semelle. Tout compte fait, votre mère, elle n'était pas parfaite. Du coup, vous n'êtes peut-être pas obligée de l'être non plus…

Le défi de la marche… et puis de la propreté… suivi par celui du langage

Vous pensiez naïvement qu'être une bonne mère se bornait à éviter les accidents domestiques, à nourrir correctement votre enfant, à être tendre et aimante, à vous lever jusqu'à douze fois par nuit sans râler, tout ça parce que Bozo le clown, ce crétin, a traumatisé Loulou et qu'il hante ses cauchemars depuis qu'on a eu l'idée brillante de l'emmener au cirque ? Et bien vous vous trompiez, malheureuse. Être une vraie bonne mère du XXIe siècle, c'est tout ça bien sûr, mais c'est aussi et surtout franchir avec votre petit Loulou tout un tas d'épreuves officielles. Et ce, le plus tôt possible. En tout cas plus tôt qu'Anaïs et son Malo. Ces épreuves sont les différentes étapes de développement d'un enfant, qui manifestement ne sont plus aussi évidentes et naturelles qu'elles ont pu l'être à une autre époque. Ça commence très tôt avec les questions de l'entourage, à première vue innocentes mais qui sont en réalité des pièges tendus à la naïve primipare que vous êtes. Exemples :

- À 3 mois : « Il ne se retourne pas encore ? »
- À 6 mois : « Tiens, il ne tient pas assis ? »
- À 10 mois : « Il marche, ou pas ? »
- À 1 an : « Il ne mange pas à la cuillère ? »
- À 13 mois : « Il commence à prendre conscience de son caca ? » (Sous-entendu : « Il est bientôt propre ? »)
- À 16 mois : « Il commence à parler un peu ? Ah bon ? Combien de mots à peu près ? »
- À 2 ans : « Il essaie de lire les étiquettes des boîtes de conserve le tien ? » (Comprendre : « Le mien, oui. »)

Un enfant qui n'est pas en avance est donc... en retard

Vous voilà prévenue. Avoir un enfant en bonne santé et a priori apte à vivre en société ne suffit pas. Il vous faut le préparer dès aujourd'hui à devenir un winner, un futur chef d'entreprise, un homme politique, un inventeur génial ou à la limite un artiste maudit. C'est votre rôle de mère, votre mission, celle que vous avez acceptée et que vous avez intérêt à mener à bien. Sachez-le : si votre enfant n'est pas EN AVANCE, il est donc EN RETARD. Autant dire que c'est ni plus ni moins que la honte, sur vous et votre descendance. Pourtant, rien n'est plus absurde que de vouloir à tout prix précipiter les choses. Le petit Théo de votre grande copine Juliette adore déjà le pot à 10 mois à peine ? Grand bien lui fasse. Rien ne dit qu'il ne mouillera pas encore son lit à 7 ans, tout ça pour faire payer à sa mère de l'avoir harcelé avec cette histoire de propreté. Malo prononce soi-disant des mots qui compteraient triple au Scrabble® à 15 mois ? Premièrement, je demande à voir et à entendre, sachant qu'il n'y a pas plus mythomane qu'une mère fière de son rejeton. Deuxièmement, ce n'est pas dit que posséder le vocabulaire d'un normalien l'aide à se faire des copains à la crèche.

Un jour ou l'autre, tous les enfants finissent par aller sur le pot

Rassurez-vous ! Ce n'est pas parce que Pupuce, 14 mois, ne lève son derrière – et encore, péniblement – que depuis une semaine sans toutefois parvenir à se lâcher qu'elle est vouée à un avenir médiocre. À moins d'avoir un réel problème – et ça, c'est une autre histoire bien sûr –, les enfants finissent tous par faire pipi et caca aux toilettes, courir, parler et s'habiller tout seuls. Qu'ils aient acquis ces apprentissages avant les autres, dans les temps ou avec un peu de retard, cela a-t-il vraiment beaucoup d'importance ? Et puis franchement, déclarer en plein repas, fière comme un bar-tabac, que Sidonie est en pleine phase de plaisir anal et ce avec au bas mot trois mois d'avance, est-ce bien raisonnable ?

Quand on devient mère, l'enfer, c'est encore et toujours les autres

« Pour vivre heureux, vivons cachés », disait ce grand sage, à moins que ce ne soit son frère. Ou son père. Bref, peu importe. Élever son enfant sans se confronter à la société tout entière, c'est facile. En revanche, dès que votre bambin grandit et doit se faire une place à l'extérieur du nid, les difficultés commencent. Pour lui et pour vous. Parce que bien sûr, en louve protectrice que vous êtes, vous allez devoir apprendre à ne pas haïr tous les ennemis potentiels de Pupuce. Vous allez devoir également apprendre à sympathiser avec les génitrices des petits camarades de jeu du fruit de vos entrailles…

L'enfant, cet être sociable

Toute mère, même la plus indigne qui soit, passera durant les premières années de la vie de son enfant de longues et interminables heures au square. Ok, j'en conviens, certaines mères ont l'immense chance de vivre dans une maison AVEC jardin et devraient logiquement échapper au supplice du square. Sauf que non. À un moment ou à un autre, les enfants réclament d'aller au parc. Ce jour-là, il y a de fortes chances que vous regrettiez amèrement d'avoir fait le choix déchirant de partir en banlieue « parce que ce sera mieux pour Théophile d'avoir un jardin ». Oui, vous le regretterez parce que vous prendrez conscience que Théophile préfère largement le square bétonné et tagué du village à votre jardinet superbement entretenu. Pourquoi ? Parce que les enfants sont des êtres naturellement sociables. Et qu'ils aiment par-dessus tout se confronter à leurs semblables. Tout en étant bien sûr incapables de le faire dans un esprit de paix et d'amour… Dès que votre enfant grandit, il vous faut donc devenir juge, avocat, policier et infirmière. Pour votre plus grand plaisir…

Les six commandements du square

Revenons-en à ce fameux square. Non seulement il est le lieu de tous les dangers pour les enfants – je soupçonne les architectes chargés de concevoir les jeux d'être de dangereux psychopathes – mais il est aussi le terrain de toutes les comparaisons pour les mères et donc un enfer pour les mères indignes…

conseil filles

Sachez que les enfants ne jouent JAMAIS avec ce que vous apportez au square, mais réclament TOUJOURS ce que vous avez oublié. Par conséquent, si avant de partir, Chouchou vous jure qu'il ne veut pas de son seau parce qu'aujourd'hui c'est au ballon qu'il jouera, prenez le ballon… et le seau. Vous serez un peu chargée, certes, mais avec un peu de chance plus tranquille, une fois que Chouchou réalisera, au bout de cinq minutes, que le ballon, ça l'ennuie.

1. L'air heureux tu prendras. Une bonne mère doit en effet afficher un sourire permanent, même lorsqu'elle se gèle depuis une heure sur un stupide banc constellé de fientes de pigeons. C'est comme ça, il n'est pas envisageable d'avouer l'évidente réalité : il n'y a rien de plus assommant que de regarder pendant des heures un enfant rebondir sur une moto à ressorts. Même quand c'est le vôtre et que vous l'aimez. Cessez donc de vous en vouloir. Si vous n'aimez pas ça, c'est juste normal.

2. Ton calme tu garderas. La bonne mère doit aussi résister à l'envie irrépressible de massacrer l'affreux jojo qui martyrise son rejeton – qui, il faut bien le dire, fait preuve d'une passivité pathologique – depuis une heure. Là aussi, il faut savoir que des codes existent, même s'ils ne sont pas gravés dans le marbre. Il est par exemple extrêmement mal vu – voire dangereux – de gronder un enfant qui n'est pas le sien. Même si sa mère a pleinement conscience qu'elle a enfanté un probable futur tyran, jamais elle ne supportera que vous le lui fassiez remarquer. Encore moins que vous ayez plus d'autorité qu'elle sur son hyperactif de fils. Et croyez-moi, une mère attaquée dans ce qu'elle a de plus cher – son honneur maternel – peut s'avérer dangereuse. Très.

3. Ta honte tu ravaleras. Tous les enfants ne sont pas de futurs champions de la grimpe, loin s'en faut. En même temps, même si pour l'instant c'est une souffrance teintée de honte de constater que

Pupuce ne parvient toujours pas à gravir les trois marches du toboggan pourtant réservé aux 2-3 ans, dites-vous que dans quelques années, au moins, vous ne tremblerez pas de peur à l'idée qu'elle attaque la face nord du Makulu. Sans corde. C'est bien sûr également assez gênant d'entendre petite chérie hurler à la mort « a peur a peur », une fois qu'elle est enfin parvenue au sommet dudit toboggan – en partie poussée par les autres, excédés de devoir attendre. Mais encore une fois, c'est comme l'histoire du pot. Un jour ou l'autre, Pupuce se débrouillera comme une chef sur ce toboggan. Et si ce jour arrive à l'aube de l'adolescence, peu importe… Vous pourrez même vous faire le plaisir de le lui rappeler quand, à 16 ans, elle vous regardera de haut après vous avoir piqué votre rouge à lèvres…

Blog de fille …

J'aime pas les squares !

Voilà, ouf, c'est dit. Je sais, ça craint, quand on est mère, de ne pas aimer les squares. Ça craint encore plus de ne pas aimer les squares DEPUIS qu'on est mère.

Déjà, tant qu'il est en mode nourrisson, le square avec un bébé ça signifie tourner autour du bac à sable avec la poussette, en priant pour que Chouchou arrête de hurler. Ce qu'il fait… jusqu'à ce que tu t'assoies

deux secondes, et là c'est reparti. Tu rêves alors du temps béni où Chouchou sera assez grand pour aller faire des pâtés dans le sable avec ses copains, pendant que tu liras cette putain d'intégrale de Rilke.
Sauf que quand Chouchou ou Pupuce ont l'âge de faire des châteaux de sable, ils ont aussi l'âge de se faire piquer leur seau. Ou de voler la pelle du voisin. Ce qui revient à peu près au même : à un moment ou à un autre, tout le monde pleure et toi tu es à deux doigts de te coltiner la mère de la partie adverse, soit parce que ton enfant est un sale voleur, soit parce que le rejeton de la mère d'en face est un psychopathe du râteau.
Après, il y a les jeux. Deux cas de figure : premièrement, Chouchou est de la catégorie des téméraires. Du coup, tu ne vis plus, tu rôdes sous le pont de singe de peur qu'il passe à travers les mailles du filet, tu cours jusqu'au toboggan récupérer ton rejeton qui a décidé de descendre la pente vertigineuse la tête la première et sans les mains, ou tu récupères Pupuce en suspension en haut de la toile d'araignée retenue miraculeusement à dix mètres du

sol par la cordelette de sa capuche qui en même temps risque fort de l'étrangler si tu ne parviens pas à la détacher dans les trois secondes qui viennent.
Deuxième cas de figure, Pupuce ou Chouchou sont du genre empotés. Et là, c'est également l'enfer. Ils deviennent très vite les souffre-douleur du terrain de jeu. Tu es obligée d'intervenir régulièrement, empirant leur statut de ringards incapables. ...

4. Ton téléphone et tes magazines tu oublieras.
Encore un mythe qui s'effondre. Avant d'avoir des enfants, on idéalise totalement ces après-midi qu'on passera au jardin avec notre petit amour. On s'y voit déjà : nous sur le banc, un livre à la main, Loulou dans son landau, en train de dormir comme un ange à l'ombre d'un marronnier. Et plus tard, dans le bac à sable, construisant un château. Plus tard encore, babillant avec ses amis. Et nous, donc, avec notre livre ou mieux, téléphonant à notre meilleure amie. On oublie tout de suite cette vision de rêve.

Un bébé ne dort pas dans une poussette sauf si on le promène. Et il est très difficile de lire en marchant. Quant à téléphoner en poussant le landau c'est la tendinite assurée. Ensuite, quand il grandit, l'enfant joue dans le bac à sable à une condition :

que vous jouiez avec lui. Ou alors il vole la pelle de son voisin. Et il vous faut intervenir. Plus tard, il prend un malin plaisir à s'éloigner le plus possible de votre banc de façon à ce que vous soyez obligée de lui courir après. Il recommence dès que vous vous rasseyez. Le square, je suis navrée, mais c'est votre croix de mère. La seule chose que je puisse vous dire pour vous réconforter, c'est qu'on déteste toutes ça. Même si seules les mères indignes l'avouent.

5. **Avec les autres mères tu sympathiseras...** En réalité, ce que je viens d'énoncer plus haut est faux. Toutes les mères ne détestent pas le square. Certaines l'adorent parce qu'elles s'y font des copines. Attention ! Ne pas sociabiliser dans ce genre de circonstances est assez risqué. Il faut savoir que les clans existent, même dans ces endroits. Si vous ne faites pas d'efforts, vous serez reléguée, seule sur votre banc. On ne relèvera pas votre enfant s'il tombe et que vous êtes occupée. On ne vous le gardera pas le temps que vous alliez récupérer le plus grand à l'école. On ne vous invitera pas à partager le goûter organisé à la va-vite sur la pelouse.

6. **... mais pas trop.** Le problème, c'est que sympathiser a ses inconvénients également. Vous ne serez plus jamais tranquille sur votre banc. Bon, cela dit vous ne l'êtes jamais, mais quand même. Vous serez obligée d'écouter religieusement le récit des exploits du fils de votre nouvelle amie avec laquelle vous ne partagez qu'une chose : le fait d'être mère.

Ce qui est assez léger. Enfin, sachez que toutes les mères, même celles qui a priori sont les plus parfaites, caressent le rêve secret de se débarrasser – temporairement – de leur progéniture. Attention donc à ne pas vous retrouver à garder non plus un mais trois monstres durant « quelques minutes » qui se transformeront en un après-midi interminable !

Blog de fille ...

J'aime pas les squares (suite) !

Quoi qu'il en soit, ton bouquin tu l'oublies. Parce qu'il ne faut jamais perdre de vue le fait qu'un enfant peut te surprendre. Je m'explique. Pupuce a toujours été prise de panique dès la deuxième marche du toboggan. Tu crois alors que tu peux la laisser sans surveillance le temps d'un coup de fil au motif qu'avec un vertige pareil ce n'est pas demain la veille qu'elle arrivera en haut. Erreur.

Les enfants détestent que tu téléphones. Encore plus au square. Du coup, rien que pour te faire payer, Pupuce choisira ce moment-là tout particulièrement pour se hisser jusqu'au sommet du toboggan réservé aux 8-10 ans. Elle n'écoutera que son courage et s'élancera dans le « tunnel de la mort », tel que le surnomment les caïds du jardin. Pour échouer à moitié inanimée dans le sable, sous le regard accusateur et consterné des autres mamans qui elles n'auraient JAMAIS laissé Pupuce sans surveillance. ...

Le grand jour de la rentrée scolaire

Le grand jour est arrivé, Pupuce a trois ans. Elle va aller à l'école. Vous en avez le cœur serré, vous êtes émue et fière de voir votre bambinette prendre son envol. Si ça se trouve, même, dans deux mois elle sera peut-être VRAIMENT propre – oui, en mère indigne vous avez menti en regardant la maîtresse droit dans les yeux et certifié que même pendant la sieste Pupuce est super clean. Alors que bon, en général, il ne se passe pas une journée sans un malheureux accident... Bref, mis à part l'apprentissage de la propreté, vos attentes pédagogiques sont assez limitées. Disons que si elle pouvait déjà tenir son crayon et comprendre que le coloriage, c'est fait pour colorier à l'intérieur du dessin, vous considérerez que l'Éducation nationale a fait du bon boulot. Malheureuse. Une fois de plus, vous êtes totalement à côté de la plaque.

La maternelle, antichambre de l'ENA ?

Vous allez vous rendre compte dès la première réunion de parents qu'en réalité, la maternelle, ça ne rigole pas, lorsque la mère de Léa, pourtant charmante le matin, bombardera littéralement la maîtresse de questions sur la méthode de lecture choisie par l'établissement. Alors que la lecture est au programme du CP. Dans quatre ans. C'est à ce moment-là que vous comprendrez pourquoi la petite Léa a des cernes pareils et un air si triste. Alors que Pupuce se fiche certes éperdument de savoir lire, mais est la joie de vivre personnifiée…

Et si on leur laissait le temps de rester petits ?

Bon, force est de reconnaître cependant que Léa, au mois de novembre, écrit parfaitement son prénom. En même temps il n'y a que trois lettres, alors ce n'est pas non plus la peine d'en faire un fromage. Malgré tout, Pupuce a encore un peu de mal à choisir entre sa main droite et sa main gauche pour tenir son crayon et pour le prénom, on repassera. Et alors ? Encore une fois, à moins d'un problème médical évident, Pupuce arrivera un jour ou l'autre à signer ses chèques de son nom. Aussi bien que Léa. Qui sera peut-être à ce moment-là en pleine rébellion contre sa mère et piercée de partout ou devenue punk. Voire tout ça en même temps.

conseil filles

Croyez-moi, un enfant qui n'a pas eu le temps de jouer ou de se livrer à des activités sans finalité d'apprentissage finira peut-être diplômé d'HEC ou de Normale Sup, mais il aura, à un moment ou à un autre, envie de rattraper le temps perdu. Et à la limite, mieux vaut passer beaucoup de temps à gribouiller sur les murs à 4 ans qu'à 20. Enfin moi je dis ça…

Blog de fille ...

La rentrée scolaire.

La première rentrée scolaire... C'était il y a trois ans et je commence tout juste à pouvoir en parler. Avant, c'était encore trop frais.
Le jour J, on entre dans l'enceinte de l'école. La première personne à nous saluer, c'est Nicole, la gardienne. 130 cm de tour de poitrine, bonnet F. Au moins.
Je sens que Nicole et moi, on va vivre une grande histoire. Elle regarde mes enfants et c'est une évidence, elle les aime déjà plus que les autres. Elle n'en dira rien, bien sûr, ce ne serait pas sympa pour les autres mamans. Mais bon, on voit bien qu'elle a craqué. Comment lui en vouloir...
Après avoir salué notre chère Nicole, on monte les escaliers. Mes petits serrent très très fort mes mains, à moins que ce ne soit moi qui leur broie les doigts.
Après m'avoir fait jurer de ne pas pleurer et de ne pas m'éterniser dans les lieux, l'homme décide unilatéralement que c'est lui qui emmènera ma fille dans sa classe. À cause de notre relation soi-disant fusionnelle. Quand ils s'éloignent tous les

deux, de la voir si minuscule partir vers l'inconnu, c'est simple, c'est comme si on m'arrachait le cœur à mains nues. Un sanglot incontrôlable s'échappe de ma poitrine. Cinq minutes après, l'homme ressort, fier comme un pou, la miss n'a pas versé une larme. Je le calme tout de suite en lui rappelant qu'une enfant qui n'extériorise pas sa peine est une enfant qui souffre encore plus. ...

« Et toi, le tien, ça va à l'école ? »

« Quand je me regarde, je me désole, quand je me compare, je me console », disait le grand Nietzsche – heu, je crois – et il avait raison. Enfin… encore faut-il se comparer à moins bien que soi. Toujours est-il que de la maternelle à l'université, il faudra vous y habituer, il y aura toujours une mère bien intentionnée pour vous demander sur un ton faussement compassé : « Et le tien, pas de problèmes ? » Attention, dans ce cas-là, il faut comprendre : « Dis-moi que ton rejeton t'en fait voir plus que le mien. »

Ne jamais avouer que nos enfants galèrent

Personnellement, je suis pour le mensonge. Toujours prétendre que TOUT va bien, même si on est en train de chercher un collège privé qui acceptera moyennant un gros chèque de faire tripler sa sixième à Chouchou. Pourquoi ? Parce que pour parler des vrais problèmes de nos enfants, il y a les vrais amis. Les autres, on n'est pas obligés de leur faire plaisir en leur racontant nos malheurs. Juste pour qu'ils puissent se rassurer et se dire que leur fils a plus de chances que le nôtre d'avoir son bac avant l'âge de vingt ans. Plus sérieusement, on ne fait pas des enfants pour se vanter dans les dîners en ville de leur carnet scolaire. En tout cas, pas moi. Et pas vous non plus, j'en suis sûre. En plus, les métiers manuels sont de plus en plus valorisés. Alors peut-être que votre aîné ne fera pas hypokhâgne, mais quand on voit ce que vous prend le plombier à chaque fuite d'eau, c'est à se demander si finalement on ne va pas l'encourager à poursuivre ses petites expériences avec les robinets. Même si, pour l'instant, ça vous fait moyennement rigoler la baignoire qui déborde.

Blog de fille ...

La rentrée scolaire (suite).

C'est maintenant à moi de m'acquitter de ma mission, laisser mon fils. La maîtresse a l'air gentille. Elle nous fait visiter la classe et nous explique que maintenant, il faut que « maman parte travailler ». Je la regarde d'un air probablement très niais sans comprendre tout de suite que « la maman » c'est moi. Je suis tentée de la soudoyer pour rester la matinée. Je sors un gros billet de ma poche, l'air de rien. Si je sens qu'elle est réceptive, je tente le coup. Elle n'est pas réceptive.

J'embrasse alors 67 fois les joues de mon bonhomme et je lui annonce qu'il est temps de nous séparer. Mon chérubin ne l'entend pas de cette oreille. Sa lèvre inférieure se met à trembler dangereusement. Je suis en train d'abandonner mon nourrisson. Je commence à pleurer.

Rien ne prouve qu'il y ait un lien de cause à effet – et quoi qu'en dise encore aujourd'hui l'homme, on ne le saura jamais – mais, à ce moment-là, mon fils se met à hurler à la mort : « Pas l'école, pas l'école, pas l'écooooooole. » Il s'accroche à moi comme un noyé à une planche de bois.

La maîtresse et moi ne sommes pas trop de deux pour détacher un à un ses petits doigts de mes mains. L'homme m'entraîne dans le couloir. Là je crois que je crie aussi « Pas l'écoooooooooooole ». Mais je n'en suis pas sûre.

Finalement, sans que je comprenne

comment, je me retrouve derrière une porte fermée pas assez épaisse pour atténuer les hurlements de la chair de ma chair. « Dans cinq minutes il s'amusera comme un fou, là il sent que tu es juste à côté, tu ne l'aides pas », tente l'homme. « Mais encore heureux qu'il le sent que je suis à côté », parviens-je à articuler. « Et j'espère que la maîtresse elle le sent aussi. Parce que moi, pour le coup, je la sens pas, figure-toi. » L'homme me lance son regard n° 12, celui qui veut dire : « Là je laisse tomber, ce n'est plus de mon ressort. »

Et il s'en va. Pas moi.

Finalement, après de longues minutes rythmées par les pleurs incessants de mon chérubin, je finis par descendre les escaliers. Je sais, les apparences jouent contre moi, mais je suis malgré tout une adulte et une mère responsable.

Bon, d'accord, en fait, j'ai peur de la directrice. …

Jouer, c'est la barbe

Une récente enquête publiée dans *Jasmin* sur les tabous féminins révélait que l'une des choses les plus inavouables aujourd'hui pour une femme est de ne pas aimer jouer avec ses enfants. Faites le test et reconnaissez publiquement que vous mettre à quatre pattes pour construire une tour en Lego® vous ennuie copieusement... Les regards seront aussi lourds de reproches que si vous aviez avoué un larcin dans une vente de charité.

Je n'aime pas les Playmobil®... ni les Barbie®... ni les cubes

C'est dit. Et ça fait du bien non ? Après tout, pour l'instant, il n'y a pas de loi qui condamne les mères pour défaut de jeu. En même temps, profitons-en parce que ça ne devrait pas durer. Aujourd'hui, une mère, ça doit aimer jouer. Le plus souvent possible. Pour stimuler son bébé. Faire en sorte que jamais il ne s'ennuie. Qu'il ne se sente jamais seul et abandonné. Sauf que voilà, c'est peut-être contraire à la bienséance mais tout le monde n'aime pas les Clipo®. Ni prendre une voix de fausset pour jouer aux Fashion Polly®, ces sobres et élégantes petites créatures qu'on habille avec des jupes en silicone que même Jennifer Lopez trouverait trop courtes. C'est grave ? Franchement, je ne crois pas.

Ce qui est grave, c'est de se forcer

Regarder sa montre en se demandant à partir de combien de temps on peut dire que ça y est, c'est fini, maman a autre chose à faire, ça c'est grave. Ce qui est grave, aussi, c'est qu'on nous fasse croire aujourd'hui qu'une maman est un compagnon de jeu. Bien sûr, par moments, c'est délicieux de rire avec son enfant et de partager des instants de complicité. Mais si ça entre dans un « cahier des charges » de la bonne mère, ça devient une contrainte. Et personnellement, je trouve que si deux mots ne vont pas vraiment ensemble, c'est bien « jeu » et « contrainte ».

le mot de la pro

« Je crois sincèrement que nous allons récolter ce que nous avons semé. [...] Il est clair que nous sommes en train de fabriquer une génération d'enfants sans imagination, sans initiative et sans autonomie à force de les choyer, de gérer les moindres détails de leur vie et de les priver de leur enfance. Et nous pensons bien faire ! », s'inquiète Andrea O'Reilly, directrice du *Centre on Research for Mothering* de l'Université York[3]. Je crois qu'elle a tout dit. Si jouer devient un exercice pédagogique, vous parviendrez à l'en dégoûter.

Enfants trop gâtés ?

Essayez de vous souvenir. Quand vous étiez petite, votre maman jouait-elle toute la journée avec vous ? Passait-elle son temps à vous occuper, à habiller et déshabiller les Barbie®, à bercer Boucle d'or, votre poupée préférée ? Attention, je ne dis pas qu'il faut abandonner les enfants à leur triste sort des journées entières. Mais a priori, nombre de psy le disent, l'ennui est constructif. Ça permet au petit de s'évader par l'esprit, de rêvasser, de développer son imagination. Ça lui permet aussi de faire ce constat peut-être cruel mais malheureusement véridique : dans la vie, parfois, et même souvent, on est seul. Lui mentir sur ce point et lui faire croire que vous serez toujours là, c'est certainement plus néfaste que de ne pas jouer aux Lego® deux heures par jour, non ?

Jouer, c'est se mettre au niveau de son enfant

Parfois, on a beau aimer et vouloir jouer, ça ne se passe finalement pas très bien parce qu'on s'aperçoit que ce qu'on considère soi-même comme une activité ludique ne l'est pas pour lui. Alors peut-être qu'avant de lui imposer votre façon de vous amuser, il faut regarder Chouchou. Vous avez l'impression qu'il ne joue pas mais peut-être ses jeux ne correspondent-ils pas à ce qu'il en attend. Souvent, les parents projettent sur leurs enfants leurs intérêts et leurs désirs. Jouer est avant tout un plaisir individuel. Des enfants vont adorer jouer à la poupée, d'autres préféreront les voitures ou les jeux artistiques.

Blog de fille ...

Y'a des jours où j'ai l'impression qu'avouer qu'on n'aime pas jouer avec ses enfants c'est plus choquant que de se vanter d'être échangiste. Je l'avoue ? Je ne suis pas échangiste. En revanche, les Lego®, les Playmobil® et les Barbie®, eh bien... ça me barbe. C'est comme ça, je n'y arrive pas. « Alors pourquoi t'as fait des enfants, hein ? » Et bien... parce que j'aime des tonnes de choses dans le fait d'être mère, mais assurément, me mettre à quatre pattes pour jouer à Charlotte aux fraises® n'en fait pas partie. Ah, et puis tant que j'y suis, les châteaux de sable, c'est une torture. Même sur la plage. Heu... en fait SURTOUT sur la plage. Parce que je préfère lézarder au soleil. Ouhhhhhhhhhh... pas bien, vilaine la maman, hein ? ...

Travailler et être une bonne mère : mission impossible ?

Une bonne mère doit bien sûr aimer son travail mais ne doit jamais le faire passer avant ses enfants. La mère indigne quant à elle se surprend parfois à rester un peu plus tard pour finir un dossier super important mais aussi avec le secret espoir de trouver des petits prêts à se coucher à son arrivée. Pire, parfois elle rentre plus tôt et s'aperçoit au bout de quelques instants qu'elle n'a qu'une hâte : que ses petits soient au lit…

La reprise du boulot, c'est toujours trop tôt ?

Alors déjà, à toutes celles qui culpabiliseraient de reprendre le travail alors que Chouchou n'a même pas six mois, moi je réponds que, la plupart du temps, on n'a pas vraiment le choix. C'est vrai, on aimerait bien vivre dans les pays scandinaves, là où les congés maternité durent parfois plus d'un an. Sauf que raté, on est en France. Et en France, on considère que votre bébé peut être quasi auto-

le mot de la pro

> Selon une étude du ministère de la Santé publiée en 2006, 84 % des femmes aimeraient que le congé maternité dure plus longtemps (elles sont même 70 % à souhaiter qu'il dure 1 an) ! Actuellement, sa durée légale est de 16 semaines, 26 à partir du 3e enfant. Dans la réalité, ce congé est prolongé en moyenne d'un mois (congé patho, congés annuels pris dans la foulée, etc.).

nome à trois mois. Toujours est-il que c'est souvent un déchirement d'envisager de laisser nos petits pour retourner bosser. Mais reconnaissons que c'est aussi parfois une libération. Et que ça peut tout à fait être les deux à la fois. Parce que soyons honnêtes, il arrive un moment où n'avoir comme seule conversation que les onomatopées de notre rejeton ou l'échange de banalités avec la boulangère sur les « zolis zyeux » de Poupette, ça lasse.

Le travail, ça nous fait des vacances

Retravailler, les filles, c'est aussi retrouver la machine à café et les potins qui vont avec. C'est la perspective de diviser par deux le nombre de couches à changer. Retravailler c'est bien sûr s'habiller à nouveau et remettre au placard notre pantalon doudou en pilou qui, disons-le tout net, ne nous met pas super en valeur. Bref, si le jour de la reprise est parfois un peu rude, il peut également être l'équivalent de la quille, sans qu'on ait à s'en vouloir pour autant.

Une nounou parfaite, ça n'existe pas…

Le gros gros problème quand on va reprendre le boulot, c'est le mode de garde. Je passe assez rapidement sur la crèche qui est un peu le graal des mères qui travaillent et qui, à moins d'habiter dans un coin en plein dépeuplement ou d'avoir douze enfants, est assez compliqué à décrocher. De toute façon, à la crèche comme ailleurs, celle qui va s'occuper de Chouchou ou Pupuce, c'est la nounou. Une fois encore, je me dois de vous mettre en garde. On croit que, pour être une mère parfaite, il faut dégotter pour le fruit de nos entrailles la perle rare des nourrices. Désolée les filles mais cessez de vous prendre la tête : cette perle rare n'existe pas. D'ailleurs, avouez-le, vous-même, êtes-vous irréprochable ? Non. Alors comment une femme qui n'est même pas la mère de votre enfant pourrait-elle l'être ?

le mot de la pro

Les pays européens ont des politiques relativement différentes en matière de congé de maternité. Le Danemark assure ainsi 29 semaines de congés, contre 15 semaines en Allemagne et 10 mois voire 1 an en Norvège.

… et même si ça existait, on n'en voudrait pas

Personnellement, je crois que le seul critère à retenir, c'est que cette personne soit aimante. Et fiable bien sûr. Mais une personne aimante est en général fiable et responsable. Après, qu'elle ne fasse pas le ménage parfaitement bien, qu'elle ait tendance à privilégier le sucré aux légumes ou qu'elle n'ait pas lu tout Flaubert… on s'en fiche. D'autant qu'entre nous, une nounou parfaite, ça fout le bourdon. Ben oui, si ça se trouve, Pupuce va finir par la préférer à nous, non ? De toute façon, celui qui vous dira le mieux tout ça, c'est votre enfant. Si le soir, il est calme, qu'il dort bien et qu'il ne hurle pas à la mort quand il voit sa nounou le matin, c'est que c'est bon. Si si, faites-lui confiance, je vous dis !

Le père, ce petit malin

Que les choses soient claires, assurer aussi bien au boulot qu'à la maison, c'est extrêmement difficile. Et comme la parité des tâches ménagères, c'est tout de même la bonne blague du XXIe siècle, être une femme active ça mériterait presque une médaille quotidienne. Ce qui fait que, parfois, on aurait presque tendance à rêver d'une réunion qui se termine tard, histoire d'arriver et que Chouchou et Pupuce n'aient plus qu'à être embrassés… puis couchés. Évidemment, ce genre de sentiment inavouable nous ronge de culpabilité. En même temps, je suis navrée, mais qui rentre tous les soirs justement pile à l'heure du bisou du soir ? Le père. Qui ne s'en veut pas une seconde ? Le père. Qui a tout compris à la vie ? Le père.

Et si parfois, la maman jouait au papa ?

Une mère qui fait un peu traîner un dossier pour s'accorder elle aussi le plaisir de ne pas avoir à rempiler pour deux heures de sprint – bain, repas, devoirs, lavage de dents, mouchage, histoire et bisous – et bien moi je dis – ok, je n'ai pas énormément de légitimité mais je le dis quand même – qu'elle a bien raison. Et ce n'est absolument pas contradictoire avec le fait de déplorer régulièrement le fait de moins voir ses enfants que la baby-sitter à cause de ce boulot de dingue qu'on nous met sur le dos. Ben oui, une mère, c'est avant tout une fille. Et une fille, c'est bien connu, ce n'est pas compliqué, c'est subtil. Et pétrie de sentiments contradictoires.

Suis-je une bonne maman si je travaille ?

Bon, alors, on a trouvé la nounou, on arrive tant bien que mal à trouver notre rythme – avec bien sûr un matin sur deux à la bourre, des taches de vomi sur le tailleur spécial réunion avec big boss pile le jour où il ne faut pas, et d'autres réjouissances que seule une maman active peut connaître – et là, un soir, alors qu'on a passé à peine dix minutes avec Poupette avant qu'elle ne s'endorme, la question qui tue nous laisse sans réponse. Quelle question ? LA question : « Est-ce que je peux être une bonne mère tout en travaillant ? » ou « Est-ce que plus tard, Pupuce me le reprochera ? » ou bien « Est-ce que pour le développement personnel d'un enfant, manger à la cantine tous les jours dès l'âge de trois ans n'est pas un ticket direct pour l'anorexie à l'adolescence ? » ou encore « Est-ce que la réussite scolaire de Chouchou sera possible avec deux parents qui ne rentrent jamais avant 19 h 30 le soir ? » Bon, en fait ce n'est pas UNE question qui nous assaille, mais un monceau d'interrogations plus culpabilisantes les unes que les autres.

En même temps, mère au foyer, c'est un bon exemple ?

Bon, depuis le départ, je m'adresse aux femmes qui travaillent, comme si on bossait toutes. Alors que bien sûr, il y a aussi celles qui ont décidé de faire une pause pendant les premières années de Chouchou. Et qui bien sûr, ne le regrettent pas une seconde. Sauf quand l'homme rentre le soir et lance un « keskonmange » des plus agréables, suivi d'un « mais il est pas encore couché, cet enfant ? » et d'un « Y a plus de bière ? ». Ben oui, quoi, normal, vous ne travaillez plus, donc tout devrait être nickel et super bien réglé à la maison, non ? Sans parler des amis qui auparavant semblaient prendre du plaisir à vous parler lors des dîners en ville et qui aujourd'hui vont rarement plus loin que le « ça va à la maison ? », montrant ostensiblement que vos précisions sur la façon dont vous organisez vos après-midi ne les intéresse absolument pas. Bref, vous prenez un plaisir inouï à vous occuper de vos bambins et, en même temps, vous vous demandez aussi si vous leur offrez une image maternelle valorisante. En plus, passés six ans, les ingrats ont tendance à vous signifier très clairement que vous avoir à leurs basques en permanence, c'est lourd.

Rassurez-vous, le jour où vous reprendrez le boulot, ils vous reprocheront de les abandonner…

J'ai envie de temps pour moi

S'il est une chose qui réconcilie les mères au foyer avec celles qui bossent, c'est cette envie irrépressible de voler parfois quelques heures pour se retrouver seule avec elle-même. Attention, j'ai bien dit, seule. Pas avec l'homme dans une chambre d'hôtel pour faire toutes les galipettes qu'on n'a pas le temps de faire depuis que Pupuce est née. Pas non plus avec nos meilleures copines qu'on ne voit plus autant qu'avant. Non, seule. La grande différence entre avant et après les enfants, c'est bien celle-ci : on n'a plus jamais de temps pour nous. Alors que c'est indispensable. Pour pouvoir bouquiner, se cultiver, se faire bichonner, ou même ne rien faire d'autre que se gaver d'une série télé sur son canapé. Personnellement j'ai compris que ça me manquait le jour où j'ai réalisé qu'aller me faire épiler était pour moi synonyme d'un grand moment d'évasion. Vous avouerez que, pourtant, il y a plus plaisant que de se faire arracher des poils récalcitrants…

conseil filles

Imaginez un après-midi entier dans un jacuzzi pendant que Chouchou et Pupuce sont gardés par une baby-sitter grassement payée. Je sais, y a moyen d'avoir honte. En même temps, dans un jacuzzi, c'est bon la honte…

Blog de fille ...

Depuis quelques jours, mes petits ont pris leurs quartiers d'été. Ne pas dire la sensation de liberté qui en découle serait un mensonge éhonté. Ne plus se sentir pressée de rentrer le soir. Décaler l'heure de réveil d'une heure au moins. N'avoir que soi à habiller, laver, coiffer. Même, oui, même, n'avoir que soi ou l'homme à écouter... Parce que deux enfants de six ans, ça parle. Tout le temps. Leur gémellité n'y est pas pour rien, il faut trouver sa place – toujours cette question de place –, pousser l'autre pour s'y mettre, raconter en premier, mieux, plus, plus fort, plus vite. Alors oui, au risque de passer pour une mère indigne, je l'avoue, je me repose. Je goûte ce silence. Je n'en reviens pas de pouvoir sur un coup de tête filer au cinéma, prendre un verre en terrasse ou manger trois bricoles sur un coin de table en regardant la télé.

Mais parfois, je sens le manque au creux de mon ventre. Violent, imprévu, il arrive sans sommation. C'est un mélange de panique irraisonnée qu'il leur est arrivé malheur et de besoin charnel de plonger mon visage dans leur cou pour respirer les effluves délicieux de leur cuir chevelu mouillé de sueur. Un manque animal, tactile et charnel. Qui passe. Mais me rappelle à la réalité : ils sont sortis de moi il y a six ans. Ils sont sortis pour toujours, m'échapperont, s'envoleront. Mais personne ne pourra effacer de ma mémoire la douceur de leur peau d'enfant et l'odeur de leurs cheveux. ...

Entre ce qu'on prévoyait et ce qu'on fait…

Avant d'avoir des enfants, vous vous étiez sérieusement documentée. Et vous aviez fait le vœu de ne pas commettre d'impairs pédagogiques tels que de promettre un bonbon ou toute autre cochonnerie pourvu que ce caprice atroce s'arrête. Ne parlons pas du McDo®, cet antre du diable dans lequel vous vivante votre enfant ne mangerait jamais… Étrangement, depuis que Victor est né, vos convictions ont fondu comme neige au soleil. Il faut dire qu'il n'y a rien de tel que de promettre un Happy Meal® pour avoir la paix une matinée entière…

Nos grand-mères n'apprenaient pas la maternité dans les livres

Il est loin le temps où nos grand-mères tombaient enceintes une fois par an, accouchaient avec plus ou moins de difficultés dans leur lit et élevaient tant bien que mal leurs enfants, à l'instinct. Ah croyez-moi, elles auraient bien rigolé nos mamies si on leur avait dit qu'avant d'enfanter il leur fallait s'enfiler des kilos de bouquins sur la meilleure façon d'éduquer leurs petits. Oui, il fut un temps où on considérait qu'être maman ça ne s'apprenait surtout pas dans les livres. D'ailleurs en fait, ça ne s'apprenait pas du tout. Attention, je ne suis pas en train de vous jouer l'air du « c'était tellement mieux avant ». Non, pas du tout, et nos grand-mères en ont bavé des ronds de chapeau, parce qu'à ce moment-là, on ne pensait pas plus au bien-être des mamans qu'à celui des enfants. Mais c'est clair qu'elles ne se prenaient pas la tête sur les conséquences à terme de chacune de leurs décisions. Et puis, il y a eu Françoise Dolto. Qui a fait découvrir à la société que le bébé est une personne. Et de là, tout a changé. Pour le bien des enfants et de leurs mamans. Enfin… pas tout le temps.

Être mère, ce n'est pas la même chose que passer son bac

Franchement, est-ce bien raisonnable d'aborder la maternité comme on le ferait pour un examen de fin d'études ? Aujourd'hui, à peine a-t-on décidé de mettre un petit en route qu'il faut être super au point sur ce que ça implique. Pendant la grossesse, une femme qui n'a pas lu au moins un guide qui

le mot de la pro

Être mère, c'est avant tout une loterie. On peut hériter du « gros lot », à savoir le bébé petit hurleur, bon mangeur, bon dormeur, qui va rapidement comprendre qu'il faut dormir la nuit (et pas le jour). On peut aussi tomber sur un petit dormeur, gros hurleur, petit mangeur et qui va mettre quatre à cinq mois pour comprendre qu'il faut dormir la nuit et pas le jour. Ça n'a rien à voir avec vos capacités de mère, c'est comme ça, il y a de bons dormeurs comme il y a des enfants blonds, bruns ou aux yeux bleus.

explique en détails tous les pépins qui pourraient lui tomber dessus est déjà estampillée mauvaise mère. Ensuite, vers le sixième mois, il faut se plonger dans un essai psychologique qui met en garde contre tout ce qu'on va inévitablement mal faire… et qui transformera bien évidemment Pupuce en frigide hystérique ou Chouchou en pervers polymorphe.

Écouter son bon sens

La cerise sur le gâteau c'est qu'entre eux, les psys, qui sont souvent des messieurs – d'ailleurs, je me demande s'il n'y a pas un complot masculin visant à culpabiliser un peu plus les mères –, ne sont pas d'accord. Exemple ? Les uns préconisent les câlins à gogo. Les autres vous avertissent tout net : passés les premiers mois, les baisers, ça devient étouffant pour les enfants. Et si on faisait comme mamie finalement, et qu'on écoutait notre bon sens ? Et aussi notre enfant, parce que Françoise avait raison sur une chose au moins, le bébé est une personne.

Mon bébé dormira, lui

Avant d'avoir votre premier bébé, votre mari et vous hésitiez à vous lancer. En réalité, vous ne redoutiez qu'une chose : que votre petit soit aussi purge que Félix, le rejeton de vos meilleurs amis, trois ans et toujours pas une nuit complète. Et puis l'envie d'avoir un enfant l'a emporté. En plus, vous disiez-vous, cet enfant tiendra sûrement de ses parents. Et ses parents, ce sont des champions du monde de l'oreiller. Résultat : Lucas ne tient pas de ses parents. Réflexe numéro un : se replonger dans les livres de psy, d'autant que sur le sujet, il y en a un paquet… qui disent tout et son contraire. Les uns vous font passer pour un bourreau si vous laissez Poupette hurler dans son lit à 4 h du matin. Les autres vous mettent en garde : si vous laissez Poupette penser qu'elle vous a à la botte la nuit, c'est fichu, vous êtes son esclave à vie.

Insomnies, sommeil cassé…

Au début, quand Lucas commence à vous faire sa petite comédie intitulée « la nuit je ne veux plus dormir », vous faites exactement ce que tout le monde vous a conseillé de faire. Vous le laissez pleurer. Dix secondes. Ensuite vous ne tenez plus, vous allez lui faire un câlin. Malheureuse. Tout spécialiste du sommeil de l'enfant vous le dira. Pas de câlin la nuit. Ce qu'il faut faire paraît-il, c'est entrer dans la chambre et dire d'un ton calme mais ferme : « Mon chéri, calme-toi, papa et maman sont à côté. Mais là, c'est l'heure de dormir. Maman va maintenant aller se recoucher. » Surtout, surtout, ne pas le sortir du lit et ne pas l'embrasser, il faut qu'il sente que la nuit n'est pas pareille que le jour.

le mot de la pro

Les médecins préconisent pour un enfant de moins de cinq ans douze heures de sommeil par jour. Parfois, les nuits sont courtes parce que les siestes sont trop longues. Réduire le temps de sieste aide donc les petits à retrouver le sommeil la nuit.

Entre la théorie et la pratique, il y a souvent le lit des parents

Ben oui, ce qui est énoncé plus haut, c'est la théorie, la belle théorie. En pratique, déjà, le ton calme mais ferme, on a du mal à le trouver vu qu'il est trois heures du mat' et qu'on ne dort plus depuis deux mois. Ensuite, Chouchou ne vous écoute pas et hurle tant qu'il peut pendant votre laïus. Normal, ce qu'il veut, lui, c'est vos bras. Voire votre lit. Voire faire dégager son papa du lit en question. Et bien sûr, à la fin, il gagne. Et vous vous retrouvez exactement dans la situation que vous aviez juré d'éviter : dormir avec un marmot qui bouge dans tous les sens, qui ronfle encore plus fort que son père et contre lequel vous ne pouvez même pas réchauffer vos pieds. Pendant ce temps, le père dort tout recroquevillé dans le lit de l'héritier.

le mot de la pro

Selon une récente étude américaine, les troubles du sommeil chez l'enfant sont quelque chose de courant : 72,7 % sont concernés ; dont 53,5 % ont de l'insomnie et 9 % de l'hypersomnie. 10,1 % sont concernés par les deux problèmes. Certes, ça ne nous avance pas des masses mais ça rassure tout de même de ne pas être la seule mère au monde à ne pas parvenir à faire dormir son enfant.

Blog de fille ...

Malgré toutes nos prières, les incantations à la vierge du sommeil, et même le whisky glissé dans les biberons le soir – naaaaaaaaan je rigole – j'ai donné naissance à une insomniaque en herbe. Vous me direz, une sur deux, ce n'est pas si terrible. Sauf que si.

En fait, terrible, c'est pas le mot. Même que là tout de suite, le mot, je ne le trouve pas. Je sais, je suis volontairement grave. Mais c'est parce que je me dois, en tant que mère, en tant que femme mature et expérimentée, de vous mettre en garde, vous, les pas-encore-mamans qui caresseraient le rêve de donner un jour naissance à un charmant bambin.

Je ne veux pas vous décourager hein, mais il faut tout de même être avertie avant de prendre ce genre de décision.

Et la vérité c'est que les enfants vous pourrissent le sommeil. Sciemment.

Vos nuits auparavant tranquilles ne seront plus jamais les mêmes. Passées les premières semaines où il vous faudra nourrir et changer votre petit amour – quoique personnellement, j'ai rapidement

décidé de laisser mes chéris baigner dans leur caca la nuit, histoire qu'ils fassent bien la différence avec le jour, comme le conseillent les livres que je n'ai pas lus – il vous faudra ensuite vous battre avec des fantômes, réduire à néant des monstres qui se planquent dans les rideaux ou tout simplement partir à la chasse au doudou qui, c'est sûr, prend vie dès la nuit tombée. Ben oui, sinon comment expliquer qu'il parvient à se retrouver à l'autre bout de la chambre sous un meuble à quatre heures du matin ? Et bien sûr hors de portée de votre main à laquelle il manque exactement quatre millimètres pour l'attraper et ce, après déboîtement de votre épaule.
Je passe sur la tétine, cette garce, qui non contente de défigurer Chouchou le jour prend un malin plaisir à se coincer entre les barreaux du lit à des heures indues.
Je vous laisse imaginer certaines scènes, bébé hurlant à la mort parce que tototte a disparu et vous, à moitié nue, à quatre pattes en train d'extirper ladite et maudite tototte du sommier à lattes. ...

Mon enfant ne mangera pas de cochonneries…

Bon, vous n'êtes pas une intégriste du bio, vous n'êtes pas allergique à un bon verre de coca de temps en temps. Mais, en ce qui concerne votre enfant, alors là, vous serez intraitable. S'il est une chose que vous voulez lui éviter c'est de devoir affronter plus tard les affres de l'obésité. Alors ce sera de l'eau, des légumes… et de l'eau. Les bonbons c'est non, le soda sûrement pas et les fast-foods, pas question. Les premiers temps, ça va. Tant qu'il ne sait pas parler et qu'il n'a pas été confronté aux « autres », ceux dont les parents sont moins intransigeants, votre enfant mange sans broncher ses purées sans sel et ses gâteaux peu sucrés.

… sauf s'il mange ses épinards

Et puis il grandit. Et commence à faire des caprices pour manger ses haricots. La première fois, il vous vient à l'idée de lui promettre une sucette au dessert s'il finit son assiette. Mais vous vous rappelez ce qui est écrit dans le livre sur l'enfant et la nourriture que vous venez de lire : « Si les sucreries sont données dans le but de consoler, de calmer bébé, ou PIRE en récompense pour avoir mangé ses haricots, vous l'emmenez tout droit vers la boulimie. » Du coup, vous reposez la sucette. Mais la troisième fois que Chouchou crache ses épinards sur votre chemisier blanc, vous craquez. Et vous assistez béate à la transformation de Chouchou en machine à broyer des épinards, tellement la perspective de déguster une sucette à la fraise lui donne des ailes. Il sera peut-être boulimique plus tard mais en attendant, il a mangé des fibres. Et c'est tout ce qui compte. De toute façon, c'était ça ou la fessée. Et la fessée, ça, c'est non, non, non !

conseil filles

Quand l'envie vous prend d'en venir aux mains, respirez par le ventre. Si ça ne marche pas, éloignez-vous. Allez vous en griller une si vous fumez, buvez un verre d'eau ou, si la crise de nerfs n'est pas loin, croquez un morceau de chocolat. Bref, prenez du recul. La plupart du temps, la main part parce que la tête ne contrôle plus rien. Il suffit de reprendre ses esprits pour retrouver son calme. Et comme par hasard, si vous vous calmez, votre bébé aussi…

La fessée ne passera pas par moi…

Les châtiments corporels ne passeront pas par vous. Et ça, c'est non négociable. D'autant que maintenant, c'est moyennement bien vu en société de tout régler à coup de fessées. En plus, vous, vous avez reçu genre une ou deux claques dans toute votre vie d'enfant et vous vous en souvenez encore comme d'une agression atroce. Et puis là, pour le coup, les psys de vos douze livres de chevet sur « comment éduquer son enfant dans l'harmonie » sont unanimes : frapper c'est mal. Et contre-productif. Ils disent aussi que c'est la preuve d'une grande faiblesse et d'une carence d'autorité. Bon, c'est un peu comme le

McDo®, jusqu'à un certain âge, ce n'est pas très difficile de résister… fesser un bébé faut pas exagérer.

… la première arrive pourtant parfois sans prévenir

Et puis votre bébé apprend à faire des caprices ou des bêtises comme farfouiller dans les prises avec un trombone. Ou piétiner intentionnellement vos nouvelles lunettes de soleil achetées la veille à un prix prohibitif. Au départ, vous vous contentez d'une petite tape sur les doigts en disant « non non non ». Même ça d'ailleurs paraît que c'est dangereux à terme pour la sensibilité des menottes de nos chérubins – je demande donc pardon aux miens si plus tard ils ont des soucis pour jouer du piano ou taper sur un clavier. Mais un jour, Sidonie, deux ans et demi, se roule par terre dans le rayon gâteaux du supermarché en s'époumonant. Malgré tous les trésors de patience que vous déployez, elle ne veut rien entendre et finit par vous décocher un coup de Kickers® en pleine poitrine au moment où vous tentez de la relever. C'est là qu'elle part sans que vous ayez même le temps de vous en apercevoir. Quoi ? Votre première fessée – en réalité une tape que la couche a amortie –, celle dont on ne se remet jamais et qui fait de vous une tortionnaire pour toujours.

La télévision, c'est non…

Alors là-dessus, c'est sûr, vous ne dérogerez pas à la règle que vous aviez fixée avec l'homme. Votre

le mot de la pro

Le temps passé devant la télévision devrait être limité à 12 h par semaine maximum, estiment les spécialistes de la petite enfance. Dans les faits, un enfant regarde la télévision en moyenne 2 h par jour soit 14 h par semaine. Le temps consacré au petit écran passe d'environ 2 h 30 par jour à l'âge de 5 ans, à 4 h par jour à l'âge de 12 ans pour se stabiliser ensuite à 2 ou 3 h par jour. Et on estime que le temps passé chaque année devant la télévision augmente de 2 à 3 minutes[4].

enfant ne subira pas le lavage de cerveau de ce suppôt de Satan qu'est la télé. Bon, d'accord, vous personnellement vous êtes accro aux séries et si on vous empêche de regarder *Grey's Anatomy*, vous êtes capable de mordre. Sans sommation. Mais justement. C'est pour éviter à Chouchou d'en arriver là un jour que vous avez décidé de bannir les dessins animés japonais et autres publicités de votre foyer. À la rigueur, vous voulez bien qu'il regarde Kirikou en DVD parce que ça véhicule des valeurs qui sont les vôtres et que ce n'est pas un appel à la consommation comme les nouveaux Walt Disney.

… enfin, sauf exception

Bon, autant vous dire qu'à moins d'être vous-même amish – mais je doute que les Amish aient accès à la collection des courges – ou de vivre dans un pays privé d'électricité, le combat est perdu d'avance. D'abord, encore une fois, ça marche tant que votre chérubin n'a pas fréquenté le saint du saint : la cour de récréation. À partir de ce jour-là, laissez tomber. Quand il reviendra en pleurant après avoir été littéralement humilié parce qu'il croyait que les Pokémon® étaient une marque de gâteaux, vous céderez, de peur que Chouchou devienne par votre faute le souffre-douleur de l'école. Ok, si ça se trouve vous aurez craqué plus tôt, juste parce que la télé un mercredi de pluie où vous avez la migraine… il n'y a pas mieux.

le mot de la pro

Une sociologue du CNRS, Monique DAGNAUD, estime que 80 % du temps passé par les enfants de 4 à 10 ans devant le petit écran ne l'est pas devant des dessins animés ou des émissions pour la jeunesse mais devant des émissions tout public[5].

2

je passe à l'action !

Et si on lâchait prise ?

Quoi qu'elle fasse et que ce soit avec les meilleures intentions du monde, la mère se plante. En gros. Ce n'est pas moi qui le dis, c'est Freud, alors tout de suite, ça en impose, je trouve. Bon, c'est peut-être un peu radical comme déclaration, mais moi, personnellement, j'adore. Ben oui, puisque la médaille d'or de la mère parfaite, c'est perdu d'avance, ça enlève un sacré poids non ? Et qui dit poids en moins, dit plus de légèreté dans la maternité. J'en vois qui rigolent et qui se disent que c'est assez facile le coup du poids en moins et de la légèreté en plus. Ok, j'en conviens. Sauf qu'être plus légère quand on est mère, ça aide, notamment à ne pas péter les plombs au premier gros caprice. Et croyez-moi, ce n'est pas du luxe, ça.

Ne plus culpabiliser

Je disais donc, mieux vaut partir du postulat qu'on sera quoi qu'il arrive une mauvaise mère. De toute façon, quand Pupuce ou Chouchou auront 16 ans, ils ne manqueront pas de vous l'envoyer dans les dents. Donc stop la culpabilité ! Vous ne vous remettez pas du jour où, épuisée, vous avez laissé Poupette hurler à la mort dans son lit pendant deux heures parce que vous aviez lu qu'à partir de trois mois les caprices devenaient une réalité ? Certes, il s'est avéré qu'elle couvait ce soir-là la varicelle et que le lendemain vous avez voulu mourir de honte en découvrant votre petit amour aussi fournie en boutons que la mercerie du coin. Mais croyez-moi, elle ne se souviendra pas de ce moment où vous avez manqué à vos devoirs. En revanche, elle se rappellera les soins attentifs que vous lui avez portés pour que, plus tard, elle n'ait aucune cicatrice. Et puis quelque part, vous avez eu raison de dormir cette nuit-là. Parce que les suivantes ont été un enfer. Merci la varicelle !

Blog de fille ...

Ma fille a eu la varicelle cette semaine. Il a donc fallu prévenir les visiteurs que la maison était lieu de contagion. Ainsi alertés, tous, quel que soit leur âge ou leur sexe, ont eu la même réaction : appeler leur mère. Redevenue d'ailleurs à cet instant, leur maman. Et toutes les mères ont sans l'ombre d'une hésitation répondu à LA question : « Dis, maman, est-ce que j'ai eu la varicelle ? » Non seulement elles savaient si maladie il y avait eu, mais ne furent pas avares de détails. Tous les amis apprirent à cette occasion à quel âge ils l'avaient contractée, combien de temps l'affection avait duré et si fièvre il y avait

eu. Ils eurent en plus force détails sur l'étendue des boutons, leur aspect et les douleurs engendrées. Bref, les coups de téléphone se sont éternisés...
C'était drôle de voir ces adultes sortis depuis bien longtemps de l'enfance faire mine d'être agacés alors qu'ils dégustaient en réalité chaque mot et savouraient ces quelques minutes durant lesquelles ils redevenaient un peu les tout-petits de leur maman. Une fois le combiné raccroché, tels des anciens combattants, ils exhibèrent chacun l'inévitable cicatrice dont l'existence venait de leur être rappelée. Ces petites marques indélébiles et minuscules étaient autant de blessures de guerre d'une enfance pas tout à fait disparue.
Quand leurs enfants sont grands, les mères servent encore au moins à ça. Elles sont les gardiennes d'une mémoire de petits riens, constellée de maladies infantiles, de coups et blessures, de notes à l'oral du bac ou autres micro-événements sans importance apparente. Ce soir-là, j'ai regardé avec grand soin ma petite chérie, m'efforçant de photographier tous les

boutons criblant son petit corps, espérant que le jour où LA question sera posée, je serai à la hauteur... •••

Il vaut mieux un enfant en bonne santé qu'une maison bien rangée

Bon, j'admets, le titre de ce paragraphe est stupide et il n'y a en général aucun lien entre la santé des enfants et l'état de rangement de votre intérieur. Malgré tout, il a un message, que vous serez bien gentilles de comprendre mesdames les-mamans-qui-voudraient-que-tout-soit-impeccable. Ce que je veux dire, c'est que, à moins de s'appeler Claudia Schiffer et d'avoir douze nounous, deux femmes de ménage et quatre jardiniers – je sais, elle jure dans *Cosmo* que non, personne d'autre qu'elle ne s'occupe de ses bambins ou de la maison... ne la croyez pas, elle ment –, c'est impossible, surtout les premiers mois, d'être sur tous les fronts. Il faut donc gérer les priorités. Et la priorité, quand on vient d'avoir un bébé, ce n'est pas de laver le placard de la cuisine que personne ne regarde jamais. Ni de laver les rideaux du salon qui, bien qu'un peu jaunis, ne choqueront personne.

Parfois, les petits pots, ça aide

Je sais, avant d'avoir votre enfant, vous vous imaginiez en train de lui concocter amoureusement des purées bio à partir des légumes de votre jardin.

Sauf que voilà, déjà votre jardin se limite à un pauvre pied de basilic qui résiste contre les assauts du vent et de la pollution, en équilibre sur le rebord de votre fenêtre du quatorzième étage de votre tour parisienne – donc pour commencer, les légumes maison, on oublie –, ensuite vous réalisez très vite que faire des purées, ça prend du temps. Et qu'en plus, ce chameau d'Arthur vous crache systématiquement à la figure ce pourtant délicieux mélange épinard/fenouil/céleri que vous avez mis deux heures à préparer. Oui, désolée, c'est comme ça, souvent les bébés vous font assez vite comprendre que les petits pots, c'est meilleur. Rassurez-vous, il leur arrive de préférer parfois ce que vous leur cuisinez. Mais surtout, ce que je veux vous dire, c'est qu'il vaut peut-être mieux passer un bon moment avec Poupette pendant que le petit pot chauffe au micro-ondes que de perdre deux heures à éplucher, cuire, égoutter, broyer des légumes dont vous n'êtes même pas sûre qu'ils apportent plus de vitamines que ceux qui sont déjà tout préparés. Bon, je ne suis pas nutritionniste ni pédiatre, donc ça vaut ce que ça vaut mais je pense que si on a vraiment le temps, c'est bien, si on ne l'a pas ce n'est pas si grave et on n'ira pas en enfer pour ça.

Et si on disait m… aux vendeurs de chimères ?

Bien sûr, à force de s'être documentée et d'avoir abusé des bouquins en tout genre sur l'éducation des tout-petits, on s'est mis la barre super haut. On ne va pas se contenter de limiter la casse et de parvenir à faire grandir notre enfant avec le maximum d'amour. Non. On va être PARFAITE. On va choisir les meilleurs produits de puériculture, la poussette la plus ergonomique, les chaussures les plus adaptées à cette fameuse voûte plantaire que si jamais elle ne se forme pas comme il faut on aura un boiteux à vie, etc. Stooooooooop ! Tout ça c'est du marketing. Être de bons parents ne signifie pas être millionnaires. Le problème c'est que plus ça va, plus les industriels comprennent qu'il y a un énorme filon. Ils nous noient sous des propositions de plus en plus farfelues et hors de prix, du doudou qui reproduit les bruits du cœur de la mère au porte-bébé qui marche tout seul ou presque en passant par la poussette qui fera bientôt aussi réfrigérateur ou four à micro-ondes. Outre le fait que ces produits coûtent un bras et ne servent en général pas à grand-chose, ils nous pourrissent le quotidien. Parce qu'une poussette qui pèse trois tonnes et pour laquelle il faut avoir fait polytechnique pour la fermer, et bien quelque part on se fiche qu'elle ait les meilleurs amortisseurs du monde pour les fragiles vertèbres de notre bébé.

On arrête de prendre son enfant pour un top model

Je sais, il n'y a pas plus mignon que les habits pour enfants, surtout les collections pour petites filles. N'empêche que ce n'est pas forcément un service que vous rendez à Pupuce et encore moins à vous

conseil filles

Parmi les petits trucs qu'on fait et qui mine de crayon nous bouffent la vie, il y a le repassage. Perso, je trouve que les habits pour enfants, ça ne se repasse pas. Je ne parle même pas des bodys ou des pyjamas. Ça n'a l'air de rien, mais arrêter de repasser tout ça, ça vous fait gagner un temps fou. Et il y a peu de chances que qui que ce soit s'en rende compte. Il suffit de bien les plier dès qu'ils sont secs et hop, c'est… plié.

de l'habiller en Baby Dior® ou Bonpoint®. Pourquoi ? Déjà parce que vous donnez des goûts de luxe à une enfant qui de toute façon un jour où l'autre vous piquera vos plus belles fringues. Ensuite, se rouler dans l'herbe quand on est tout de cachemire vêtu, c'est moyennement recommandé. Et vous forcément, ça vous stresse, parce qu'à moins d'être Madonna, ce n'est pas non plus totalement anodin, un pantalon Gucci Baby® flingué par un crochet de balançoire. Bref, vos enfants, la plupart du temps, ont besoin d'être à l'aise dans leurs vêtements. Et vous, si vous savez que le jogging rose devenu tout vert d'herbe n'a coûté que 7 euros, il y a des chances que vous restiez plus zen. Ah, et puis j'oubliais, ce n'est pas un drame si Chouchou garde son pantalon deux ou trois jours. Ça aussi, c'est du temps de gagné. Et en plus, du coup, vous contribuez au refroidissement de la planète. Que demande le peuple ?

Dire adieu à la mère parfaite… et aussi à l'enfant parfait !

Bon, à la fin du CP, ça devient de plus en plus évident, Théo n'a pas de prédispositions pour les maths. Il ne comprend toujours pas pourquoi 2+2=4 et vous assure que dans certains cas ça peut faire 5. Et bien qu'à cela ne tienne, Théo ne sera pas ingénieur aéronautique, en revanche, il a sûrement de l'avenir en politique. Aglaé fait encore pipi au lit à quatre ans ? A priori, c'est surtout pour elle que c'est embêtant. Mais si elle sent que vous en êtes malade et honteuse, ça ne risque pas de s'améliorer.

Nos enfants ne sont pas là pour réussir où on a échoué

Vous avez toujours rêvé d'être danseuse sauf que forcément, à dix ans, votre surpoids vous a barré la route de ce destin glorieux ? Ce n'est pas une raison pour imposer à Pupuce un entraînement intensif avec cette prof russe aux airs sadiques. Bien sûr, pousser son enfant, c'est bien. Mais il faut toujours se poser la question : pourquoi je tiens tant à ce qu'il ou elle fasse cela ? Pourquoi tenir mordicus à ce que Martin soit champion de judo alors que lui, ce qui l'intéresse dans la vie, c'est le dessin ? Pourquoi mettre un point d'honneur à ce que Léa soit une virtuose du piano alors que jamais personne dans votre famille ou celle de votre mari n'a eu l'oreille musicale ? Sans rire, il faut cesser de projeter nos espoirs déçus sur nos enfants et de mettre tellement de pression sur leurs frêles épaules que forcément ils échouent. Vouloir leur bonheur, c'est très honorable. Vouloir qu'ils réussissent pour réparer notre ego, ça l'est un peu moins. Et croyez-moi, un enfant qu'on contraint en permanence devient un ado hargneux. Et quelque chose me dit qu'il n'est pas nécessaire de charger la barque.

On se donne le droit d'avoir des coups de mou

Parfaitement. On a absolument et définitivement le droit de connaître des hauts et des bas. Bien sûr, s'il n'y a que des bas, il faut peut-être s'inquiéter. Mais quoi qu'il en soit, on ne peut pas être sur le pont 24 h/24 et 7 j/7 avec le sourire. Alors oui, une maman ça peut être de mauvais poil. Ça peut même envoyer sur les roses Poupette qui n'a pourtant pas été plus pénible qu'à l'accoutumée. Ou faire la grève de la cuisine. Ou être tellement fatiguée qu'elle met au panier tous ses grands principes et qu'elle colle ses adorables bambins devant la télé un mercredi parce que le square c'est au-dessus de ses forces.

Blog de fille ...

« Non mais c'est quoi cette chambre-là, les enfants ? Un vrai dépotoir. Vous allez me faire le plaisir de ranger ça immédiatement. Je vous avertis, je repasse dans une heure et tout ce qui traîne encore part à la poubelle. Et je serais vous, je ne rigolerais pas parce que moi je ne plaisante pas DU TOUT.

Quoi, pourquoi tu me regardes comme ça, toi ? Oui je suis énervée, et tu n'y es pas pour rien. D'abord si tu pouvais arrêter de mâchouiller ton chewing-gum comme ça, ce serait génial. Ce bruit est insupportable. Et puis la lampe de la salle de bains a encore grillé. Depuis le temps que je te demande de voir ce qui cloche. L'ampoule lâche tous les trois jours. Et comme par hasard, ça arrive quand c'est moi qui suis dans mon bain. Et la tringle à rideaux ? On n'est pas censés en acheter une autre ? Mais non, rien. J'en ai ras-le-bol qu'on remette tout à demain comme ça, tout le temps.
Bon, cette chambre, on en est où ? Hein ? Vous n'avez rien fait là, je rêve ou non ? Quoi, vous jouez ? Je pensais avoir été claire. Tout ce qui traîne part à la benne. Oh et puis faites comme vous voulez, si vous voulez vivre dans une porcherie, c'est votre problème.
Où est passé mon « Elle » ? C'est incroyable. Je ne demande pas grand-chose, là. Juste pouvoir lire mon « Elle » tranquillement. Forcément, il y a UN truc qui est parti à la poubelle, c'est mon « Elle ». De toute façon, personne n'en a rien à faire.

Moi je dois faire attention à tout le monde mais alors pour qu'on fasse attention à moi, je peux toujours courir.
Ah et je t'avertis, ce soir, je n'ai pas du tout envie d'aller chez L. et J. Tu iras tout seul, de toute façon tu seras bien mieux sans moi. Je suis vilaine, énorme et je n'ai rien à me mettre. »
« Hey, ça ira là ? Tu te calmes maintenant ? Qu'est-ce que tu nous fais ? »
« Rien. De toute façon tu ne peux pas comprendre. (Après un temps) J'ai grossi. » ...

En fait, une maman c'est d'abord un être humain

Et les enfants sont prêts à beaucoup lui pardonner, à condition qu'elle s'explique. Par conséquent, les jours de pleine lune ou de ragnagnas, dites-le. Pas besoin de rentrer dans des explications fumeuses, non. Il suffit de prendre vos enfants à part, calmement, et de leur dire que maman est de mauvaise humeur, que ça lui arrive, comme à eux parfois. Et qu'aujourd'hui, il va falloir lui pardonner si elle crie un peu trop. Et d'ailleurs, le mieux, ce serait qu'ils soient tellement sages qu'elle n'ait pas à crier. Vous serez surprise de constater que vos bouts de chou comprennent très bien ce genre de choses.

Blog de fille ...

Souvent, je me pose cette question existentielle : suis-je la seule à systématiquement oublier la petite souris ? Ce matin rebelote : « Claire, pourquoi elle est pas passée cette nuit la petite souris ? » (Oui, tous mes enfants m'appellent Claire, me demande pas pourquoi, ça s'est institué comme ça et je m'en fous complètement d'ailleurs.) Si je comptabilise le nombre de dents tombées et que je le rapporte au nombre de petites souris passées spontanément, sans qu'on ait besoin de leur envoyer une lettre de rappel, je dois arriver au chiffre hontissimeux de 5 ou 6 : en clair 12 dents tombées, 2 petites souris.

J'ai honte honte honte, mais j'ai beau l'écrire sur les mains, me faire des Post-it® que je mets sur mon oreiller, faire des nœuds à mes mouchoirs, y a pas, quand je vais me coucher je me lave consciencieusement les mains et je me sermonne sur le bazar qui règne dans ma chambre tout en jetant ce vieux bout de papier et ce Kleenex® tout chiffonné qui est dans ma poche...

Finalement je me couche avec la conscience tranquille et même ce léger sentiment de supériorité de la mère qui sait qu'elle a bien accompli son devoir encore une fois ce soir puisque tous les enfants dorment profondément dans les pièces d'à côté... et je m'endors du sommeil du juste.
En gros, chez nous la petite souris ronfle la nuit et ne va pas au turbin.
Inutile de vous dire que dès la première dent tombée et le premier lapin de la petite souris, les gamines ont compris que JE suis petite souris puisque j'ai blêmi, me suis précipitée dans leur chambre et que, comme par hasard, après mon passage et mon retour en sifflotant il y avait quelque chose sous l'oreiller...
Claire Vitté

...

Avec mes enfants je fais ce qui me plaît, plaît, plaît…

Bon, on l'a déjà dit – ouf, c'est fait –, on peut être mère et détester jouer à la Barbie®. Mais il y a des tonnes d'autres choses qu'on peut apprécier. Alors je vous le demande, pourquoi s'en priver ? La vie n'est pas qu'une jungle vous savez…

Votre enfant sait mieux que vous ce qui l'amuse

La première question à vous poser : laissez-vous votre enfant choisir ses jeux ? N'avez-vous pas tendance à tout décider pour lui et à sa place ? À une époque où les parents ont l'obsession de la réussite pour leurs enfants, les jouets dits « éducatifs » obtiennent toutes leurs faveurs. Si vous lui achetez des jouets dont l'objectif est d'apprendre à lire, compter, enrichir ses connaissances… votre enfant ne sera pas dupe et les délaissera très vite. Votre enfant sait mieux que vous ce que lui apportent ses jouets et, rassurez-vous, « spontanément, un enfant apprend avec ses jouets », explique Christine Montero[6]. C'est peut-être ça la solution en réalité. Pour que le jeu soit un plaisir pour les enfants et les parents, il faut que le seul but soit de s'amuser. Et pas d'apprendre quelque chose. Pour ça, il y a l'école. Et même les mères les plus réfractaires finiront par prendre du bon temps à une partie de 1000 Bornes® endiablée si elles voient leur enfant se prendre… au jeu.

Passer du temps ensemble

Déjà, il faut décrypter. Un enfant qui demande à sa mère « Tu joues avec moi ? » est un enfant qui souhaite en réalité de l'attention. Bien sûr, si vous vous lancez dans une partie de petites voitures survoltée, il sera ravi. Mais avant tout, il vous veut avec lui. Alors si jouer n'est pas votre tasse de thé, vous pouvez lui répondre que vous n'en avez pas super envie mais qu'en revanche, vous allez rester avec lui et le regarder faire. Si ça ne suffit pas, vous pouvez amorcer le jeu. C'est d'ailleurs souvent de ça dont un enfant a besoin. Parfois, il ne faut pas grand-chose, juste lui donner une idée d'histoire, enclencher le processus imaginatif ou ludique. Très vite il prend la main et hop, c'est parti. Quant à vous, vous pouvez alors vous assoupir discrètement à ses côtés ou bouquiner. Chouchou sera rassuré par votre présence mais appren-

conseil ULTRA-filles

Pourquoi ne pas transformer certaines routines, telles que les trajets en voiture à la garderie ou la vaisselle, en temps de qualité en chantant ensemble ou en parlant sérieusement de ce qui se passe dans vos vies ? Passer un moment magique ce n'est pas nécessairement emmener ses enfants dans un parc d'attractions hors de prix…

dra en même temps à s'amuser seul, comme un grand.

Raconte-moi une histoire…

Dès les premiers mois, les enfants adorent qu'on leur parle et qu'on leur raconte des histoires. Les livres en plastique, c'est fantastique. Et ça donne le goût de la lecture dès le plus jeune âge. Attention, je ne dis pas ça pour vous pousser à apprendre à lire à Pupuce dès neuf mois. Non, je dis ça parce que les livres deviennent très vite le meilleur ami des enfants… et surtout de leur maman. Parce que franchement, autant jouer au mistrigri ça va cinq minutes, autant raconter des histoires, c'est formidable. Sentir qu'on emmène notre bout de chou avec nous dans un monde imaginaire, c'est carrément valorisant. Et puis qui dit histoire dit gros câlin. Et qui dit gros câlin dit enfant apaisé. Et qui dit enfant apaisé… dit sommeil dans la poche ! Vous n'êtes toujours pas convaincue ? Sachez qu'en plus, en lisant des livres à vos petits, vous enrichissez leur vocabulaire. Quand on sait que les études montrent une régression inquiétante du nombre de mots acquis par les enfants en fin de CP, c'est toujours ça de gagné.

Faire la cuisine, c'est aussi un jeu

Parmi les mille et une façons de s'amuser, il y a celle qui consiste à cuisiner avec vos bambins. Je vous l'accorde c'est tout de même assez risqué, voire suicidaire en terme de propreté. Mais rappelez-vous

conseil filles

Mieux que le gâteau au yaourt, il y a la pâte à sel. Beaucoup plus simple à réaliser qu'une pâtisserie (en gros 500 g de sel, 500 g de farine et un peu d'eau suffisent à faire la pâte), la pâte à sel, c'est l'assurance d'occuper une dizaine d'enfants un après-midi durant. Cerise sur le gâteau, vous n'aurez pas à faire semblant de trouver délicieux un kloug atroce dans lequel Chouchou aura oublié de mettre le sucre. Et le beurre. Et...

ce qu'on a dit, il faut lâcher du lest. Alors, si vous êtes du genre maniaque, ne programmez pas la séance cuisine le lendemain du jour où vous avez briqué la maison mais plutôt la veille. Exigez d'avoir le contrôle sur les œufs parce que, très franchement, c'est la super galère à nettoyer. Mais laissez Pupuce remuer la farine avec le lait ou Chouchou verser le chocolat. Il n'y a rien de plus pédagogique que la cuisine. On apprend à compter les œufs, à observer des phénomènes chimiques comme celui de la crème qui se transforme en chantilly. On goûte un peu de tout, on s'en met sur le bout du nez. Et à la fin, on regarde à travers la vitre du four le gâteau monter. Même si le résultat n'est pas toujours parfait, il n'y a rien de plus valorisant pour un enfant que de voir ses parents manger ce qu'il a lui même cuisiné...

Et si on leur fabriquait de beaux souvenirs d'enfance ?

Que les choses soient claires, une maman qui se force, c'est pire que tout. C'est très culpabilisant pour l'enfant qui se dit qu'il est responsable et qu'il ennuie sa mère. Du coup, il n'apprécie pas le moment que vous pensez lui offrir. Résultat, personne n'y trouve son compte. Alors que quand on y pense, il y a plein de choses qu'on peut faire avec Chouchou sans que ça devienne une corvée…

- Si vous aimez la musique et la danse, montez un peu le son et improvisez une salsa endiablée avec vos loulous. Fou rire assuré, calories brûlées pour vous, énergie dépensée pour eux.

- Si vous êtes une *serial shoppeuse*, emmenez votre fille faire les magasins. Même si elle n'est pas grande, et même si ça ne dure pas longtemps, l'essentiel c'est de partager un bon moment, de critiquer telle robe ou de s'extasier sur telle autre. C'est ça aussi l'accompagner sur le chemin de la féminité.

- Si vous êtes cinéphile, emmenez-les au cinéma. De plus en plus de dessins animés pour enfants sont aussi amusants pour les petits que pour les grands. Après, on peut en parler, s'en souvenir. C'est valable pour toute sortie culturelle (musées, zoo, etc.).

- Si vous êtes sportive, partez à bicyclette, soit votre bébé sur le porte-bagages, soit sur son propre vélo. Et hop, c'est l'aventure. Et pour vous, une fois de plus, on mêle l'utile à l'agréable.

- Si vous êtes gastronome, n'hésitez pas à aller au restaurant, juste avec Chouchou ou avec toute la famille. Assurez-vous auparavant que l'endroit est approprié pour les enfants. Encore une fois, les plaisirs des grands peuvent souvent concorder avec ceux des petits.

Blog de fille ...

C'était une mangue parfaite. À la fois douce et acidulée en bouche, fondante sans qu'aucun filament ne vienne se coincer dans nos dents. Oui, ce mercredi-là, ma fille, mon fils et moi, nous avons mangé la mangue idéale. « La meilleure du monde », comme l'ont immédiatement baptisée les enfants. C'était il y a longtemps, peut-être un an. Depuis, tous les mercredis, on tente de la retrouver. On part à la chasse aux mangues parfaites. Le rituel est toujours le même. Vers 12 h 30, on se rend, munis de crayons et de feuilles de papier, dans notre petit restaurant vietnamien préféré, juste à côté. On commande toujours la même chose, des nems pour mon fils, du riz cantonais pour ma fille et un bo-bun pour moi. En attendant les plats, les enfants dessinent des princesses et des spiderman. Moi je fais des « ah » et des « oh » tellement c'est beau, et puis je rêvasse. Parfois aussi on parle, des copains, de Jean-Thomas le mytho qui cette semaine est un espion, d'Aïcha qui est devenue gentille, de Jade qui est trop forte à la

corde à sauter ou de Théophile qui s'est fait baisser le pantalon à la récré, la honte. On mange assez vite nos plats, qui ont le grand mérite d'avoir toujours le même goût. Ensuite, je pose toujours la même question, comme si le doute était possible :
« On prendrait pas une mangue ? »
Et immanquablement, bien sûr, on commande le fruit chéri, avec trois cuillères s'il vous plaît.
Quand elle arrive, on la jauge, chacun y va de son commentaire. Trop jaune, trop blanche, elle n'a pas l'air mûre, elle est à point on dirait... Puis on attrape le premier morceau. Dès la première bouchée, le verdict tombe. Bonne mais pas assez sucrée, un peu fadasse, trop filandreuse, pas assez de jus, presque parfaite. Quelques fois, on se rapproche de notre idéal, de notre référence ultime, la mangue étalon, la meilleure du monde.
La dernière fois, on était à deux doigts de décréter qu'on y était, mais finalement non, un poil trop acide.
Je crois qu'on sait, eux et moi, au fond de nous, qu'on ne la retrouvera jamais.
Je crois même qu'on sait que certaines

des dizaines de mangues goûtées depuis étaient peut-être aussi bonnes, voire meilleures. Mais voilà, elles n'y peuvent rien, la fameuse, la meilleure mangue du monde, est devenue un souvenir d'enfance. Et qui peut rivaliser avec un souvenir d'enfance ? ...

Ne pas hésiter à se faire aider

Même Samantha, notre sorcière bien-aimée, faisait appel à ses cousines sorcières pour l'aider à garder ses enfants. Alors nous, qui n'avons toujours pas trouvé comment cette sacrée Sam faisait pour remuer son nez, avons tout à fait le droit de réclamer de l'assistance. Mettre de l'huile dans les rouages, ça s'appelle.

Les baby-sitters, c'est pas fait pour les chiens

Attention, je ne parle pas là de la nounou de la semaine chez qui vous déposez Pupuce quand vous allez travailler. Celle-ci en général, on lui en demande déjà pas mal, donc ce n'est pas trop envisageable de la réquisitionner en plus le week-end. Non, je parle de ces jeunes filles – ou garçons d'ailleurs – qui gardent des enfants à l'occasion pour se faire de l'argent de poche. C'est grâce à eux que votre vie de mère indigne reprendra un cours normal, croyez-moi. Bien sûr, il faut attendre que votre bébé ne soit plus allaité, parce qu'on peut leur demander beaucoup de choses mais pas ça. Mais dès que vous vous sentez de laisser la prunelle de vos yeux à une jeune fille à laquelle vous aurez évidemment fait subir tous les contrôles réglementaires – antidrogue, alcoolémie, vérification qu'aucun petit copain n'attend planqué derrière la porte, etc. – faites-le ! Pourquoi ? Parce que la baby-sitter permet tout un tas de choses…

Petits exemples de tout ce qu'on peut faire grâce à la fée baby-sitter…

- Retrouver une vie sociale. Non, je vous assure, les gens avec enfants ne font pas QUE regarder la télé le soir. Il y en a certains qui, grâce à la fée baby-sitter, redécouvrent les plaisirs du cinéma ou d'une soirée chez des copains, durant laquelle ils n'auront pas passé leur temps à aller vérifier que Chouchou dort bien dans la chambre d'à côté ou à flipper parce qu'il y a trop de fumée.

- Faire à manger sans risquer l'accident domestique. Personnellement, parfois, je demande à la jeune fille qui récupère les enfants après l'école de rester un quart d'heure de plus quand je suis rentrée. Le temps de mettre les pâtes à chauffer sans avoir un enfant qui hurle qu'il a faim et un autre qui met ses doigts dans l'eau bouillante pour vérifier qu'elle est chaude. Ça n'a l'air de rien, en fait c'est énorme.

- Faire une vraie sieste en cas de *burn out*. Ça, c'est surtout valable les premiers mois. D'autant plus si votre bébé ne dort pas bien – donc dans 98 % des cas. Encore une fois, il ne s'agit pas d'avoir quelqu'un à domicile 24 h/24 – enfin, moi je n'y vois pas d'inconvénient mais forcément, ça coûte – mais de demander à votre baby-sitter de venir une heure ou deux dans l'après-midi. Pendant ce temps, vous fermez la porte de votre chambre et vous débranchez. Divin !

N'hésitez pas à demander conseil, voire à consulter

Être une bonne mère c'est surtout admettre ses insuffisances et ses doutes. Parfois, ces doutes l'emportent sur tout le reste. Ou bien c'est la fatigue qui l'emporte sur tout le reste parce qu'un enfant qui ne dort pas depuis quatre mois, ça peut vous pousser à commettre des actes irréparables comme celui d'envisager de le coller au vide-ordures. Dans ces cas extrêmes, il y a toujours une solution. En parler à votre médecin dans un premier temps, et à un pédopsychiatre dans un second. Bien sûr, c'est un pas difficile à franchir, parce que pour le coup, on avoue l'inavouable : on n'y arrive pas toute seule. Et alors ? Ce qui compte c'est qu'en général, en deux séances, Pupuce se remet à dormir. Comment ? Pourquoi ? Ne me le demandez pas ! Personnellement, je considère que ces gens-là sont en quelque sorte des magiciens.

Quand est-ce qu'on consulte ?

Attention, le psy, ce n'est pas la solution qui marche à tous les coups. Tous les problèmes ne se règlent pas non plus en une séance. De même, il n'est pas nécessaire de se ruer chez le psy à la moindre petite insomnie. Mais s'il y a souffrance, des parents ou des enfants, il ne faut pas hésiter une seconde parce que parfois l'enfant peut avoir besoin de parler à quelqu'un de totalement neutre. Et la raison qui vous pousse à y aller n'est pas nécessairement liée à son sommeil. Il peut aussi avoir des problèmes psychologiques – de type angoisses – dus à des périodes difficiles (deuil, maladie, séparation des parents…).

En gros, certains symptômes doivent attirer l'attention des parents, notamment :

- une baisse des résultats scolaires ;
- une agressivité soudaine, des angoisses, des pleurs répétés ;
- une rupture de la communication ;
- des troubles alimentaires.

Il est alors conseillé de consulter.

Les écoles des parents

Une quoi ? Une école des parents ? Comme s'il fallait apprendre à être parents ! Et bien oui, pourquoi pas. Après tout, on n'est peut-être pas tous égaux devant la parentalité et certains ont besoin de se sentir rassurés ou de mieux comprendre la relation parents-enfants. Pour ce faire, il existe une quarantaine d'écoles des parents en France dont l'objectif est de renseigner, d'écouter et de former les jeunes parents. Les Écoles des Parents et des Éducateurs – leur nom officiel – visent principalement 3 objectifs :

- contribuer à rendre acteurs de leur vie les parents et les jeunes, en renforçant leurs ressources propres et leurs compétences personnelles, quelle que soit leur situation sociale, culturelle et professionnelle ;
- participer à la formation et à l'accompagnement des partenaires de l'éducation et du secteur sanitaire et social ;

le mot de la pro

:: Le **psychiatre** est un médecin spécialisé qui peut prescrire des médicaments. Ses consultations sont remboursées. Il est le meilleur interlocuteur pour une dépression ou un trouble du comportement.

:: Le **psychologue** a un DESS de psychologie clinique (Bac + 5). Son travail est adapté aux périodes de « turbulences » quand on a besoin d'être aiguillé.

:: Le **psychothérapeute** a reçu une formation en psychothérapie non sanctionnée par un diplôme. Cette profession est très peu réglementée. Faites preuve de vigilance.

- mettre en relation les parents et les professionnels des secteurs éducatif, sanitaire et social. Tout ça a l'air bien sérieux mais il y a par exemple des ateliers pour apprendre à jouer avec son enfant. Personnellement, ça m'aurait bien aidée…

Une bonne mère indigne sait utiliser sa propre mère, ou sa sœur

Je vous l'accorde, les baby-sitters, c'est drôlement pratique mais ce n'est pas vraiment bon marché. Heureusement, si vous êtes fauchée, il y a un plan B. Ce plan B, c'est… la famille. Je sais, confier Chouchou à sa mère parce qu'il ne dort plus depuis trois semaines et que vous avez besoin de passer une nuit sans vous lever dix fois, c'est vous exposer à entendre le lendemain : « Mais je ne comprends pas ma chérie, avec nous il a DEMANDÉ à aller se coucher à 20 h et on ne l'a pas entendu jusqu'à ce matin 9 h. » Ok, dans ces cas-là, on a envie au mieux de tuer sa mère, au pire d'assassiner Chouchou pour haute trahison. Erreur. Laissez-la dire. Tout d'abord, il y a de fortes chances qu'elle vous mente. Et si ce n'est pas le cas, après tout, qu'est-ce qu'une entaille à votre orgueil maternel comparée à douze heures de sommeil du juste ? En plus, si Chouchou est tellement adorable avec mamie, il est peut-être temps qu'il passe tout un week-end chez elle et que ces deux jours à Londres en amoureux, vous vous les offriez…

Une femme de ménage, ce n'est pas du luxe

Bon, là encore, ce n'est pas très bon marché. Mais quand on y pense, deux heures de ménage par semaine, ça revient à peu près à 30 euros. C'est en gros quatre paquets de cigarettes. Ou un restaurant, et encore pas un grand. Ou deux gloss chez Yves Saint-Laurent. Ou je ne sais pas moi, ces deux petits hauts achetés chez Zara® sur un coup de tête. Bref, 30 euros par semaine, franchement, ça peut s'économiser. Et croyez-moi, ça en vaut la peine. Parce que tout ce temps que vous ne passerez pas à repasser les chemises de Loulou ou à récurer la cuvette des toilettes, c'est du temps que vous aurez pour câliner Pupuce, lui faire prendre son bain dans le calme ou tout simplement pour vous accorder une pause devant *Grey's Anatomy*, *24 heures chrono* ou *Desperate Housewives* pendant que Poupette adorée fait sa sieste.

conseil ULTRA-filles

Il existe des écoles d'infirmières qui proposent leurs services pour venir passer quelques nuits chez vous les premières semaines et vous décharger en changeant votre bébé, en lui donnant un biberon, etc. En cas de naissance multiple par exemple, ce genre de coup de main peut s'avérer carrément salvateur. Adressez-vous à la PMI (Protection maternelle et infantile) de votre secteur.

Faites-vous livrer

Le rapport entre le fait de se faire livrer ses courses et celui d'être une bonne mère ? Aucun. Sauf qu'une nouvelle fois, on GAGNE DU TEMPS. Et le problème majeur d'une mère indigne, c'est celui-là : comment voler du temps pour soi sans que ce soit totalement préjudiciable à nos enfants chéris ? Oui, voilà, c'est ça l'équation impossible. Eh bien, se faire livrer ses courses, c'est un gain d'au moins deux heures par semaine. Et franchement, les prix sur Internet ne sont pas loin d'être les mêmes que ceux pratiqués par les magasins bien réels. Sans compter que sur écran, c'est beaucoup plus difficile d'aller jeter un œil au rayon fringues comme à Monop'®. Ou d'essayer une dizaine de crayons à lèvres pour finalement en acheter trois sous prétexte qu'en fonction de ce qu'on mettra… Bref, les courses sur Internet, ce n'est tellement pas folichon qu'on se dépêche de les faire et qu'au final on dépense moins. En même temps, faire les courses peut également représenter pour une maman exténuée une pause bien méritée. Et l'essayage de crayons à lèvres aussi délassant qu'un après-midi de thalasso. Dans ce cas, on oublie les courses virtuelles et on garde le rituel. Mais dans ce cas, surtout, surtout, on n'emmène pas les enfants. J'ai vraiment besoin de vous expliquer pourquoi ? Bon, je préfère.

Exploitez vos copines qui n'ont pas encore d'enfants

Dans l'entourage d'une bonne mère indigne, il doit y avoir des copines sans enfants. D'abord parce que ça permet de garder un pied dans la vie d'avant les couches et les vomis sur la veste du tailleur. En plus, les copines sans enfants sont là en cas de dérive gagaïsante pour vous avertir que si vous parlez encore une minute de plus des exploits en Lego® de Pupuce elles vous rayent de leur carnet d'adresses jusqu'à sa majorité. Mais surtout, les copines sans enfants, parfois, ont envie de jouer à la maman. D'accord, en vrai, pas super souvent. Mais quand même un peu. Surtout si vous avez été maligne et que vous en avez désigné une pour être marraine. Difficile pour une marraine de se défiler quand vous lui demandez si ça lui ferait plaisir que vous lui laissiez sa filleule une heure ou deux – en vrai trois – mercredi après-midi…

conseil filles

Si vous voulez que vos copines vous secondent parfois, ne critiquez jamais ce qu'elles feront avec Pupuce, sauf si elles lui font fumer une cigarette avant quinze ans ! Mais globalement, il n'y a rien de plus stressant que de sentir que la mère de l'enfant qu'on nous a confié est inquiète. Donc, montrez que vous avez confiance. Et dites-vous que si ce n'est pas pareil qu'avec vous, il y a toutes les chances que Pupuce adore ça !

Expliquer à ses enfants les enjeux du travail

Non, maman ne vous abandonne pas tous les matins pour aller faire la belle aux Galeries Lafayette – et pourtant ce n'est pas l'envie qui lui en manque – devez-vous expliquer à vos bambins. Oui, maman aime travailler parce que c'est important pour elle et qu'accessoirement le travail ça aide à payer les courses. Bref, vous m'avez comprise, les enfants doivent dès leur plus jeune âge comprendre qu'il y a une vie hors de la maison et que ça ne veut pas dire pour autant que leur maman ne les aime pas.

Expliquez-leur votre travail

Un enfant qui voit partir sa mère tous les matins a souvent l'impression qu'elle disparaît de l'espace-temps. C'est normal, pour eux, le « travail » ne veut rien dire, au moins jusqu'à l'école maternelle. Ensuite, sachez qu'en général, il vous imagine attablée comme lui toute la journée à faire des dessins ou à coller des gommettes vu que c'est ça pour lui le travail. Bon, si vous préférez qu'il en reste là, après tout, libre à vous. Mais il risque de ne pas trop comprendre pourquoi le soir vous êtes très fatiguée.

conseil filles

Demandez à votre enfant de vous faire un dessin pour que vous l'accrochiez au-dessus de votre bureau. Dites-lui aussi qu'à côté de votre ordinateur ou sur votre écran, vous avez une photo de lui. La plupart du temps, en plus c'est vrai. Et ça rassurera Chouchou sur le fait que vous pensez à lui. La plupart du temps, ça aussi c'est vrai.

Et puis très franchement, ça risque de nuire à votre crédibilité. Bien sûr, il y a des emplois plus faciles que d'autres à expliquer. Infirmière, institutrice, docteur, pompier ou vendeuse, c'est tout de même plus concret pour un enfant de trois ans que comptable – et encore ce n'est pas le pire –, documentaliste, directrice de marketing ou contrôleur de gestion. Peu importe, il vous faut trouver des mots simples pour décrire ce que vous faites toute la journée. Je vous assure que ça marche. Certes, il peut y avoir des ratés. J'ai personnellement expliqué mon métier de journaliste en disant que j'écrivais dans les journaux, pensant que c'était assez explicite. J'ai compris à l'air indigné de mes enfants qu'ils étaient persuadés que je passais mes journées à gribouiller sur mon *Libé*.

Emmenez-les sur le lieu du crime

Qu'ils sachent ce que vous faites de vos journées, c'est une chose. Mais souvent, ça ne suffit pas pour qu'ils vous visualisent une fois partie. Et encore une fois, cette capacité à vous imaginer ailleurs est le gage d'une grande sécurité affective pour un enfant. Non maman ne se désintègre pas passé

8 h 12. Elle est tout simplement dans un endroit bien concret, dans un bureau, un magasin, une piscine – ben oui, ça existe les monitrices de piscine – ou une salle de classe. Et pour que Chouchou et Pupuce en soient bien convaincus, il n'y a qu'une solution : leur montrer votre lieu de travail. Emmenez-les un jour où vous êtes en RTT. Présentez-leur votre patron – n'hésitez pas à demander à ce dernier de prendre un air sévère pour bien les impressionner – et vos collègues. Vous constaterez qu'ils seront beaucoup moins angoissés quand vous les laisserez. Et qui dit enfant, moins angoissé, dit sérénité maternelle retrouvée…

Expliquez-leur que votre travail vous rend heureuse

Le réflexe qu'on a en général quand notre enfant se plaint de nous voir partir au boulot, c'est de pousser un grand soupir et de lui expliquer accablée – comme si on partait à la mine ramasser des énormes blocs de charbon –, que « maman n'a vraiment pas le choix, qu'elle est OBLIGÉE et qu'elle préférerait rester à la maison mais que c'est comme ça, que dans la vie il faut TRAVAILLER ». Certes, parfois c'est la vérité et tous les emplois ne sont pas valorisants ou glamour. Mais avouez que, souvent, vous noircissez le tableau. Par culpabilité. En vous disant que du coup, Chouchou n'osera pas en rajouter une couche. Erreur. Chouchou adoooooore vous culpabiliser. Et s'il sent qu'il y a une brèche, il va s'y engouffrer. Alors que si vous lui faites votre plus

le mot de la pro

Les femmes qui travaillent à l'extérieur consacrent moins de temps à leurs enfants que les femmes au foyer, mais cela ne veut pas dire pour autant que les enfants en pâtissent : de nombreuses enquêtes montrent en effet que les enfants des femmes salariées réussissent mieux à l'école et réussissent mieux professionnellement que les enfants des femmes au foyer. Les filles profitant par ailleurs plus de l'activité salariée de la mère que les garçons. Les mères qui travaillent à l'extérieur sont également plus sensibles à la réussite scolaire de leurs filles que les mères au foyer.

grand sourire et que vous lui expliquez que ce métier vous l'avez choisi, qu'il vous plaît et que vous arrivez même parfois à vous amuser, Chouchou sentira que vous êtes heureuse. Certes, il sera jaloux. Mais sentir sa mère heureuse ne peut que faire du bien à un enfant.

Valoriser la notion de travail, c'est le préparer à sa vie d'adulte

Franchement, mettre dans le crâne d'un petit que le boulot ça craint, que c'est l'horreur et que le rêve c'est d'être rentier – bon, ok, j'en rêve, comme vous, mais c'est une autre histoire – ce n'est pas bien malin. Pourquoi ? Parce qu'à terme ça donnera un adolescent fainéant et un jeune adulte pas pressé de s'envoler. Et croyez-moi, même si aujourd'hui l'idée qu'il prenne son propre appartement vous semble légèrement anachronique alors qu'il n'est pas encore propre la nuit, il arrivera un jour où vous en rêverez. Sans compter qu'il va bien falloir qu'on nous les paye nos retraites. Il n'est donc pas question de fabriquer des utopistes qui rêvent de vivre d'amour et d'eau fraîche. Non, sérieusement, voir ses parents s'épanouir dans leur vie professionnelle aidera Pupuce à se projeter dans l'avenir et à se fabriquer des rêves de « quand elle sera grande ». N'hésitez donc pas à en rajouter sur le côté vraiment génial du travail. Même si vous aimeriez VRAIMENT rester à la maison.

N'oubliez pas que, quoi qu'il arrive, on vous le reprochera

Bien sûr, pour l'instant, tous les moyens sont bons pour vous faire sentir horriblement coupable. « Sonia a de la chance parce qu'elle ne mange jamais à la cantine, elle. Théo adore les mercredis parce que sa maman reste avec lui toute la journée. Lucas n'est JAMAIS allé à l'étude de TOUTE sa vie, tu te rends compte ? Ma maîtresse, elle a cru que la nounou c'était notre maman la dernière fois, parce qu'elle dit qu'elle t'a jamais vue… » Bref, vos adorables bambins ne reculent devant rien pour vous faire comprendre que vous êtes la pire des mères.

À l'adolescence, vous aurez de toute façon tout faux

Mais dites-vous que vous mangez votre pain blanc. Parce qu'à 15 ans, ce sera pire. Vous serez accusée de les avoir délaissés, de ne pas vous être occupée de leur scolarité, de leurs états d'âme, de leurs devoirs ou que sais-je encore. Pourtant, en secret, ils vous seront reconnaissants de ne pas avoir été constamment derrière eux. Et oui, c'est comme ça. Les mères au foyer parfaites aujourd'hui se prendront dans les dents de les avoir castrés, de les avoir privés d'oxygène ou, pire, de leur avoir donné une image dégradante de la femme. Bref, encore une fois, quelle que soit la façon dont vous aurez décidé de gérer votre vie, vous aurez TORT. Alors un conseil, choisissez l'option qui vous convient le mieux, tant qu'à faire ! Et surtout, dites-vous qu'un adolescent qui n'a rien à reprocher à sa mère est un futur adulte névrosé. Il n'y a donc qu'une seule chose à faire : attendre que ça passe…

Autonomiser ses enfants

Parfois, être une bonne mère indigne c'est admettre que ses enfants peuvent se passer d'elle et s'autonomiser. Il n'est bien sûr pas question de laisser votre fille de trois ans rentrer seule de l'école mais, en revanche, lui apprendre à mettre le couvert ou à se laver les dents toute seule, c'est possible. Et mine de rien, ça fait gagner du temps. Ce sont les petits ruisseaux qui font les grandes mères…

L'autonomie, ça commence très tôt et en plus, c'est pratique

Quand je dis très tôt, c'est vraiment très tôt. Exemple ? Rendre un bébé autonome c'est lui apprendre à tenir son biberon tout seul dès que sa main est assez forte. Quitte à caler ledit biberon à l'aide d'un coussin. Quel genre de mère peut être assez ignoble pour laisser son bébé de huit mois boire son biberon tout seul ? Le genre de mère qui gagne comme ça un quart d'heure de sommeil en rab'. Voire plus parce que souvent, à cet âge-là, un enfant se rendort une fois le bib' du matin englouti. Si en plus vous êtes, comme moi, du genre à faire des jumeaux, ça aide carrément quand ils y mettent du leur dès le plus jeune âge.

Ne pas combler le moindre de leurs désirs à la seconde

Rappelez-vous, la fameuse tétine coincée dans les barreaux du lit. Et bien croyez-moi, si vous vous déplacez à chaque fois qu'elle tombe, la tétine, votre bébé n'essaiera jamais de s'en sortir tout seul. Ok, c'est tout de même très difficile pour un enfant de quelques mois d'aller fouiller avec ses petites mimines sous le lit. Mais il y a d'autres solutions. Comme celle de parsemer le lit de tétines. Ou de lui en accrocher une au pyjama. Bon, vous m'avez comprise, la tétine c'est une sorte d'allégorie. Ce que j'essaie de vous expliquer, c'est que donner à son enfant la possibilité de trouver une solution à ses problèmes aussi dérisoires soient-ils que la perte d'un doudou ou d'une tétine la nuit, c'est le conduire sur le chemin de l'autonomie.

Accepter que son enfant grandisse

Avouez-le. Vous râlez tous les matins parce que Chouchou traîne horriblement pour s'habiller ou vous demande systématiquement de l'aide pour mettre ses chaussettes. Mais dans votre for intérieur, vous adorez ça, parce que ça montre qu'il a encore besoin de vous. C'est là toute l'ambiguïté de la mère indigne (je sais, j'ai déjà écrit au moins deux fois cette phrase. Preuve en réalité que la mère indigne n'est qu'une accumulation d'ambiguïtés. En même temps c'est normal, c'est une femme). Elle voudrait être débarrassée de certaines contraintes qui lui pèsent mais, en même temps, elle voudrait garder son bébé bien près d'elle. Bref, sachez que si vous voulez que Chouchou mette ses chaussettes tout seul il va falloir arrêter de venir au premier appel.

conseil filles

Histoire de rendre le rangement ludique, ne lésinez pas sur les grandes boîtes de toutes les couleurs qu'on trouve notamment dans une grande chaîne de magasins suédois d'où on repart les bras chargés de choses inutiles mais pas chères. L'intérêt c'est que c'est rapide de mettre les Playmobil® dans la boîte rouge, les Lego® dans la verte et les voitures dans la bleue. Certes à l'intérieur des boîtes c'est souvent le carnage mais au moins ça a L'AIR rangé.

Habituer son enfant à ranger sa chambre

Là c'est pareil, c'est au berceau que ça commence. Ou jamais. En tout cas, n'imaginez pas que si vous n'avez jamais demandé à Chouchou de ranger sa chambre avant ses douze ans, vous allez pouvoir débarquer un beau jour en hurlant que vous n'en pouvez plus de son bazar avec pour effet immédiat que Chouchou se mette à ranger frénétiquement ses affaires. Ça ne marchera pas, je vous le garantis. C'est comme tout le reste, tout se joue avant trois ans ou presque. Par conséquent, quand on sort un jeu, on le range. Ce n'est pas négociable. Et c'est la plus grande bordélique devant l'éternel qui vous l'assure. Désolée maman si tu me lis, mais tu aurais dû me forcer un peu plus quand j'étais petite. Les automatismes ça s'appelle. Exactement.

Les devoirs aussi ça se fait seul

Là encore, je sais, je vais en choquer certaines. Attention, je ne dis pas qu'il faut laisser votre enfant partir en roue libre et ne rien contrôler. Mais le responsabiliser, oui. Lui demander, dès le CP, de commencer tout seul ses devoirs. Puis venir et vérifier ou l'aider s'il n'a pas tout compris. L'essentiel, c'est de lui montrer que vous êtes là. Et que vous ne le laissez pas seul juste parce que ça vous arrange – même si parfois ça vous arrange – mais aussi parce qu'à la fin, la dictée, ce n'est pas vous qui la ferez. Bon, après vous faites ce que vous voulez. Il se trouve juste que personnellement je n'ai pas l'intention de me coltiner à nouveau les révisions du bac. Donc autant qu'ils comprennent très vite que les devoirs c'est avant tout leur affaire. Même si, encore une fois, un suivi est indispensable.

Aider sa maman, c'est être un grand

D'accord, ça fait un peu lavage de cerveau. Mais en même temps, c'est vrai. Essayez un truc. Au lieu d'ordonner sans autre sommation à Sidonie, six ans, de mettre le couvert, expliquez-lui que ça vous rendrait un fier service que vous l'aidiez à faire la cuisine. Après avoir touillé le beurre dans les pâtes et constaté qu'elle vous aide vraiment, elle sera beaucoup plus encline à continuer sur sa lancée et à mettre le couvert. Avec le sourire en plus. Ensuite il ne faut pas hésiter à valoriser à l'excès ce genre de geste en en parlant à table et en la remerciant publiquement. D'abord, si Sidonie a un frère ou une soeur, ça risque de les piquer dans leur orgueil et de leur donner envie d'en faire encore plus. C'est un truc de manager ça. Créer de l'émulation. Et parfois, une maman, c'est comme un patron de PME. En plus, les enfants c'est comme des mouches, on ne les attrape pas avec du vinaigre. Les Kinder Surprise® ça marche beaucoup mieux. Naaaaaaaaaan, je plaisante !

Boîte à outils

Les petites choses qu'on peut les laisser faire tout seuls

- S'essuyer les fesses dès 3 ans. En vérifiant au début, sinon gare aux démangeaisons.
- Se servir un verre d'eau au robinet dès 4 ans.
- Se laver les dents tout seuls dès 3 ans.
- S'habiller tout seuls dès 5 ans.
- Mettre un DVD le dimanche matin quand les parents dorment (pas d'âge minimum).
- Remplir un bol de céréales avec du lait froid, toujours le dimanche matin (dès qu'ils peuvent manger des choses solides sans s'étouffer).
- Se savonner sous la douche ou dans le bain (dès 3 ans et même plus tôt s'ils le veulent).
- Mettre le couvert (dès 4 ans, 6 ans pour mettre les couteaux).
- Couper sa viande (dès 6 ans, en présence d'un adulte).

Les choses qu'ils ne peuvent pas faire seuls avant 10 ans (sinon ça ne sert à rien d'avoir une maman et parce que vous risquez la prison)

- Faire couler l'eau du bain (risques sérieux de brûlures. Mère indigne, oui, criminelle, non).
- Faire chauffer un bol de cacao au micro-ondes (mêmes causes, même punition).
- Aller à l'école tout seul, même à deux pas.
- Rester tout seul à la maison plus de dix minutes.
- Surveiller un plus petit qu'eux sans adulte à côté.
- Aller au square tout seul (désolée…).

Aller dormir chez un petit copain

Là, c'est pareil, il faut bien négocier le virage. Premièrement parce que ça fait partie des premières aventures de grand et que, si c'est raté, ça risque de lui prendre un sacré bout de temps avant qu'il en ait à nouveau envie. Et moi je dis ça, je ne dis rien, mais que Chouchou aille dormir chez son copain Loulou, ça signifie tout de même que vous allez avoir un samedi soir de libre… sans que ça vous coûte un bras. Et en prime, une grasse matinée parce qu'en général les parents du Loulou en question ne sont pas assez vaches pour vous demander de venir récupérer Chouchou avant 10 h du matin.

Ne pas oublier le doudou

Un conseil, préparez cette première fois. Déjà, attendez qu'il en ait vraiment envie et que la demande vienne de lui. Ensuite, faites en sorte que ça se passe chez des gens que vous connaissez et en qui vous avez toute confiance en cas de coup de cafard. Préparez son sac consciencieusement en n'oubliant pas le doudou, malheureuse ! Enfin, dites à Chouchou qu'il peut vous appeler quand il voudra. Neuf fois sur dix ça se passe comme une lettre à la Poste. Bon, une fois sur dix il faut aller chercher un Chouchou hoquetant de chagrin à quatre heures du matin. D'où mon dernier conseil : choisissez un copain qui habite près de chez vous.

Se souvenir que vos enfants ont un père

Forcément, si certains hommes nous lisent en pensant qu'on ne s'occuperait pas un peu de leur cas, ils vont être déçus. En même temps, je suis persuadée que les pères d'aujourd'hui prendraient très mal qu'on fasse un livre sur les mères indignes sans parler d'eux…

Il faut en finir avec le mythe de la mère au foyer et du père à la chasse

Les filles, on est au XXIe siècle. À l'heure où je vous écris une femme se présente même aux élections présidentielles. Les mères actives sont de plus en plus nombreuses et pas uniquement par obligation. Mais attention, rien n'est gagné, le nombre d'heures consacrées par les pères à leurs enfants ou aux tâches ménagères est toujours bien inférieur à celui des femmes. Si la parité signifie avoir le droit d'avoir deux emplois pour les femmes, à savoir celui qui rapporte de l'argent et celui consistant à gérer la maison et ses habitants, je dis non. D'ailleurs, même si vous ne travaillez pas, ça ne vous transforme pas en domestique, je serai intraitable là-dessus.

Un papa sait faire autant de choses qu'une maman

Là, désolée, mais je m'adresse aux femmes avec sévérité. Souvent, il faut l'admettre, l'homme se défile parce qu'il sent que vous ne lui faites pas confiance pour s'occuper de Chouchou aussi bien que vous. Et vous êtes totalement responsable. Donc, dès le départ, laissez-le changer les couches, se dépatouiller avec un body ultra-compliqué – leur bête noire il faut bien l'avouer –, donner le bain, ou couper des ongles trop longs. Sans trembler à côté. Parce que si vous tremblez à côté, ça lui fera le même effet que lorsqu'il met la main sur le frein à main dès que vous enclenchez la seconde quand vous êtes au volant. Compris ? Bien sûr, il risque d'y avoir quelques petits incidents, pour la simple et bonne raison que vous avez derrière vous des années d'habillage de poupée Corolle® alors que lui, au mieux, les poupées Corolle® il les démontait. Mais à moins d'avoir fait un enfant avec une brute, ça devrait bien se passer. Surtout, les enfants font très vite la diffé-

conseil filles

Pour qu'un papa vive sa paternité, il faut lui laisser de la place. Si vous allaitez durant les premiers mois, faites en sorte de l'impliquer quand même, en le chargeant d'aller chercher le bébé la nuit, en le laissant câliner le petit après la tétée, en le changeant, etc. Vous avez eu neuf mois pour sentir grandir votre enfant en vous. Pour lui, ça commence tout juste à être concret, ne l'oubliez pas...

rence entre leur papa et leur maman. Et ils sont beaucoup plus indulgents avec leur père, ne me demandez pas pourquoi.

Au moins un soir par semaine, c'est papa qui gère

Un soir, ce n'est pas grand-chose, je sais. Mais c'est déjà ça. Un soir où c'est vous qui restez tard, sans culpabilité ou obligation de payer des heures sup' à la nounou. Un soir où vous pouvez aller boire un verre avec les collègues après le travail. Un soir où vous pouvez aller vous faire épiler. Bref, un soir où c'est LUI qui court dans le métro, récupère deux oisillons hurlants, prépare tant bien que mal une pauvre purée Mousline®, gère les devoirs, les dents, pipi et au lit. Bien sûr, il faut vous attendre à ce que ces soirs-là, l'homme soit de mauvaise humeur quand vous rentrez et que vous lancez un « je suis crevée, cette journée a été un enfer ». Bien sûr, il vous expliquera que les enfants étaient PARTICULIÈREMENT pénibles ce jour-là, que vous ne pouvez même pas l'imaginer. Tu parles. Il n'empêche qu'il faut tenir le coup. D'autant qu'en secret, il adore ça et les

le mot de la pro

Pour de nombreux psychologues, le père aide à construire la personnalité de l'enfant par un comportement différent et complémentaire de celui de la mère. Dès les premiers âges, le père participe à l'éveil, à l'apprentissage de la sociabilité, à la maîtrise du langage… Schématiquement, la mère réconforte, le père stimule[7].

le mot de la pro

Le père guide l'orientation sexuelle des enfants qui se définit par opposition au parent du sexe opposé et par identification au parent du même sexe. L'identification du garçon au père se fait directement, le père étant à la fois un modèle et un rival par rapport à la mère. Chez la fille, la fonction paternelle consiste à faire découvrir le rôle complémentaire de la mère, celui de femme et à participer à l'acquisition d'un modèle de féminité[8].

enfants aussi. Parce que ce qu'ils ne vous disent pas c'est que souvent, ce soir-là, ils s'enfilent des chips devant *Spiderman* avant d'aller se coucher sans se laver les dents.

Laissez au père le sale boulot de l'autorité

Oh, ça va, je sais, ce n'est pas joli joli de la part d'une féministe de profiter des préjugés archaïques selon lesquels le père est l'image de l'autorité. Mais après tout, on a le droit de temps en temps de s'asseoir sur ses principes, surtout quand ça nous arrange. Et moi ça m'arrange que mes enfants aient un peu peur de leur père. Ça sert de recours quand ils refusent catégoriquement de cesser leur partie de football dans le salon. Ou quand ils se roulent par terre au supermarché pour obtenir des cartes Pokémon®. Bref, même si vous savez, vous, que votre homme est un agneau, ne les laissez jamais découvrir le pot aux roses. Et coachez le papa pour qu'il trouve « sa » grosse voix, celle qui fait taire les enfants le soir au fond des chaumières…

Les pères adorent jouer, c'est bien connu…

Bon, parfois on a beau faire tout ce qu'on peut, on a du mal à transformer un homme élevé par une mère abusive – merci belle-maman – en parfaite femme d'intérieur. Autrement dit, certains pères ont beau essayer, ils ne parviennent pas à s'occuper de leurs enfants pour les affaires courantes. Même si je suis plutôt partisane de ne jamais laisser tomber, au nom du combat de nos sœurs et de nos mères, il faut parfois utiliser les hommes pour ce qu'ils savent le mieux faire. Et si donner un bain ce n'est vraiment pas leur tasse de thé, il y a un truc qu'en revanche ils font super bien, c'est jouer. Ça tombe bien, vous, ce n'est pas nécessairement ce que vous préférez. Ou tout simplement vous avez envie de souffler. Alors laissez le papa et ses chérubins partir au square ou faire la bagarre sur le lit. Encore une fois, tentez de ne pas jouer les rabat-joie. Vous tremblez de peur quand

le mot de la pro

Les pères s'investissent principalement pour distraire le bébé. Les sorties et les jeux sont en effet les activités qu'ils favorisent (pour 60 % d'entre eux). Arrivent ensuite les activités de soin quotidien : repas (51 %), couches (51 %) ou bain (37 %). Seuls 27 % des pères se lèvent régulièrement la nuit. Ils participent davantage lorsqu'il s'agit du premier enfant et lorsque la mère a une activité professionnelle. Dans plus de 80 % des cas, c'est le père qui prend l'initiative de s'occuper de son bébé (jusqu'à 94 % des cas pour l'organisation de jeux)[10].

conseil filles

Vous avez tout à gagner à ce que le papa prenne tout de suite sa part de responsabilités et se débrouille bien avec son bébé. Facilitez-lui donc la tâche si vous partez une journée en préparant les repas de Chouchou et en lui faisant la liste des choses à faire. Plus vous baliserez le terrain, plus ce sera facile pour lui et plus il aura envie de recommencer.

vous voyez Chouchou partir dans les airs et frôler l'angle de la commode en retombant ? Un conseil, partez. Souvent, l'enfant et son père adorent vous terroriser et tombent dans la surenchère rien que pour le plaisir de vous entendre hurler le fameux : « Fais attention ! »

Ne critiquez jamais un père en action

Un jour, forcément, il y a des chances que la partie de sumo engagée à 17 h un dimanche alors qu'il y a le bain à donner vous exaspère tellement que vous reprochiez tout et son contraire à l'homme, en commençant par le traiter de gamin irresponsable. Grave erreur. D'abord, si un papa sait faire autant de choses qu'une maman, il n'en reste pas moins un être différent. Et les enfants ont besoin de cette différence, c'est nécessaire à leur équilibre. Ensuite, méfiez-vous de la grande capacité masculine à battre en retraite en se servant de l'excuse suivante : « De toute façon ce que je fais ne va jamais. » Certes, ça ne vous aide pas trop que les enfants se lancent avec leur père dans la construction de la plus grande tour de Lego® du monde à l'heure du repas. Mais il faut tenter d'être pédagogique. De la même manière, nous, on SAIT que les carreaux et les fleurs ça ne se mélange pas. Mais pour une fois que Pupuce s'est habillée avec son père, on met un mouchoir sur la mode. En plus si ça se trouve vous lirez lundi prochain dans *Elle* que c'est super fashion.

Tentez de le laisser se débrouiller un week-end entier

Bon, c'est un peu le même principe que pour le soir dans la semaine. En mieux. Ou en pire, tout dépend de quel côté on se place. Disons qu'en plus de vous faire un bien fou, ce genre de week-end permet souvent de remettre les pendules à l'heure. Surtout si le partage des tâches est très déséquilibré à la maison. Surtout si vous êtes en fin de congé maternité et que vous vous êtes récemment pris dans les dents THE phrase qui rend hystérique : « Je ne comprends pas que tu sois si fatiguée, tout de même dans la journée tu as le temps de te reposer, non ? » Le jour où

le mot de la pro

Parfaits les nouveaux pères ? Une étude du CNRS datant de 2000 aurait tendance à jeter le doute. Les femmes assurent en effet toujours 80 % des tâches. On croyait dur comme fer que les papas mettaient de plus en plus la main à la pâte. Or, en 2000, les hommes consacraient en moyenne 2 heures et 22 minutes par semaine aux tâches ménagères, contre 2 heures et 11 minutes en 1985 ! Bref, 10 minutes de plus en 13 ans... Quant aux femmes, elles effectuent chaque semaine 5 heures de travaux domestiques...[9]

ces mots-là sont prononcés, il faut agir. Immédiatement. Avant qu'il ne soit trop tard et que l'homme croie vraiment que s'occuper d'un nouveau-né c'est un jeu d'enfant. Plantez-le avec le nouveau-né en question. Pas forcément un week-end entier – vous n'en avez peut-être pas envie d'ailleurs – mais au moins un après-midi. Ou plus si affinités. Croyez-moi, il risque de se passer du temps avant que le père ose se risquer à la moindre allusion à une quelconque fatigue que vous pourriez éprouver de façon injustifiée. D'autant que sa fierté légendaire l'empêchera probablement de vous raconter à quel point cette journée seul a été abominable pour lui. Cela dit, il vous suffira de téléphoner à belle-maman pour connaître les détails, parce qu'il y a neuf chances sur dix pour que fifils l'ait appelée à la rescousse après que Pupuce a vomi son biberon pour la deuxième fois en deux heures ou qu'il a essayé toutes les méthodes d'endormissement sans parvenir à ne serait-ce qu'assoupir Chouchou.

On accepte une bonne fois pour toutes que les mères parfaites n'existent pas

Léa prend toujours un air étonné quand elle vous voit arriver avec une demi-heure de retard, cramoisie pour avoir trop couru et les restes du petit déjeuner de Martin sur l'épaule gauche. Elle est toujours impeccable et ses enfants sont ravissants, jamais décoiffés, encore moins dépenaillés. Sauf que ce que Léa ne vous dit pas c'est que son aînée est suivie par un psy depuis deux ans et que le cadet pleure tous les matins pour aller à l'école.

Vous ne serez jamais parfaite mais vous êtes la seule mère de vos enfants

« Une bonne mère c'est une mère suffisamment bonne », explique Winnicot, célébrissime psychanalyste infantile. Qu'est ce que ça veut dire ? Ça veut dire qu'être une trop bonne mère, c'est en soi très mauvais. Parce que vous ne créez pas de frustration chez votre enfant. Or, les envies naissent de la frustration. Votre enfant a BESOIN de vous en vouloir, c'est comme ça qu'il va se construire. Lui faire croire que vous pouvez accéder à tous ses désirs, c'est lui mentir. Alors que lui faire comprendre assez rapidement qu'il n'est pas tombé sur la championne du monde des mamans, c'est lui faire aussi découvrir la triste réalité, à savoir qu'il ne vit pas au pays des Bisounours® et que la vie n'est pas plus parfaite que sa mère. Et puis finalement, parfaite ou non, vous êtes sa mère, la seule, et donc la meilleure.

De toute façon, l'herbe est toujours plus verte ailleurs

Une bonne fois pour toutes mettez-vous dans la tête que chez les copains et les copines c'est toujours mieux. C'est comme ça, vous étiez ainsi petite, et vos enfants le sont aujourd'hui. La maman de Lou est beaucoup plus jolie que vous, et en plus elle est jeune. Le papa d'Oscar sait VRAIMENT jouer au foot. Matthieu a le droit de regarder la télé très tard tous les soirs. Contre ça, on ne peut rien. Sauf une chose. Se dire que Matthieu, Oscar et Lou bassinent leur mère de la même façon en les faisant bisquer sur la façon merveilleuse que vous avez de cuire les poissons panés. Et toc.

On arrête immédiatement la compétition

Maintenant qu'on arrive presque à la fin de ce petit livre et qu'on est devenues des maîtres Yoda de la maternité indigne, au point où on en est, on arrête immédiatement de se mettre la pression. Et, par exemple, on refuse de jouer au concours de la meilleure maman manifestement organisé par une instance secrète et dirigé probablement par la mère de Thallia. Oui, celle-là même qui a engagé pour l'anniversaire de sa peste de fille un clown professionnel ainsi qu'une maquilleuse du cirque Gruss. Celle-là même qui avait aussi loué une machine à faire de la barbe à papa et acheté pour chacun des enfants invités des cadeaux plus chers que celui que vous aviez justement acheté pour Thallia… et qu'elle avait déjà. D'accord, Chouchou est revenu encore plus heureux qu'après le Noël où vous l'aviez emmené chez Mickey. Mais franchement, est-ce bien raisonnable ? À dix-huit ans, à ce rythme, ce sera quoi ? Un feu d'artifice ?

Et on persiste dans son rôle de mère pas drôle

Donc on continue à organiser de vrais anniversaires pour enfants normaux qui n'ont, a priori, aucune parenté avec Madonna et qui ne seront pas déçus que Lorie ne vienne pas chanter *happy birthday* à 16 h. On continue à donner des petits-beurre de la marque du supermarché au goûter même si Léah a de la chance parce qu'elle, elle a toujours les chocos Power Rangers® avec trois chocolats différents à l'intérieur. N'empêche que Léah sera obèse à 14 ans. On oublie parfois que le jeudi c'est sport et on laisse partir Pupuce en jupe pour la troisième semaine consécutive en feignant la désolation quand il y a un mot dans le carnet de correspondance le soir. On achète un Savane de chez ce bon vieux Papy Brossard® pour la kermesse de l'école parce que vous avez beau avoir été prévenue il y a deux mois, ça vous est revenu hier qu'il fallait faire un gâteau. Et qu'un gâteau sans farine, c'est moyen. En plus les enfants adorent le Savanne.

On reste ferme sur certaines choses et on lâche du lest sur d'autres

Pupuce vous fait un chantage affectif depuis deux ans (elle a commencé à son quatrième anniversaire) pour se faire percer les oreilles alors que vous trouvez ça horriblement vulgaire ? En même temps, des oreilles percées ce n'est pas aussi grave qu'un tatouage. En plus qui sait, si ça se trouve, elle va avoir tellement mal – même si bien sûr elle n'en montrera rien le petit chameau – qu'à 14 ans elle ne pensera pas une minute à se faire piercer la langue. Entre la langue et les oreilles, personnellement, mon choix est vite fait. En revanche, on continue à dire non au chat, d'autant que le petit frère de Pupuce a toutes les chances d'y être allergique vu que la moindre poussière qui traîne déclenche chez lui une drôle de façon de respirer. On commence également dès l'âge de cinq ans à prévenir toute la lignée que jamais, non jamais, ils n'auront un scooter. En tout cas, pas avec VOTRE argent.

On se recentre sur l'essentiel

Toujours dans cet esprit de ne jamais oublier que vous ne décrocherez aucune médaille à la fin, votre seule finalité doit être de donner assez d'amour à votre enfant pour qu'il grandisse dans la sécurité affective. Un autre aspect primordial de votre rôle de mère est de valoriser votre enfant. N'écoutez pas les mauvaises langues. On ne dit jamais assez à son petit qu'il est beau, qu'il court vite, qu'il chante bien ou que son dessin est magnifique. Voilà, c'est ça votre rôle : lui donner confiance en lui. Et ensuite, avoir le courage de le laisser partir. Voire parfois de le pousser hors du nid. Même s'il faut vous faire violence et que vous ressentez une nouvelle fois de la culpabilité. Si ça peut vous aider, n'oubliez pas qu'un jour, il y a de fortes chances pour que votre chérubin vous colle dans une maison de retraite. À l'insu de votre plein gré. Ah tout de suite, on hésite moins, hein ?

On se convainc qu'on n'est pas si nulle que ça

D'accord, on n'est pas la reine des cookies, on crie parfois alors qu'on ne devrait pas, on préfère souvent se plonger dans un bon polar sur la plage plutôt que d'aller faire un château de sable. Mais hier, Chouchou nous a dit qu'on était la plus douce des mamans et il avait l'air d'y croire vraiment. Et puis, Pupuce passe ses journées à rigoler – même que parfois ça énerve – ce qui doit tout de même être signe d'une certaine joie de vivre. Preuve que vous n'avez pas tout raté. Preuve même peut-être que vous êtes la meilleure mère indigne du monde. Si si, si vous n'y croyez pas, personne n'y croira pour vous…

Allez, pour finir, lisez ce qui suit et avouez qu'à vous aussi c'est arrivé de…

- Coller un suppositoire de Doliprane® à un enfant un peu fiévreux le matin pour le mettre à l'école l'air de rien en sachant pertinemment que, dans deux heures, la directrice appellera pour que vous veniez le chercher.

- Ne même pas avoir honte parce que ces deux heures de sursis vous sauvent du clash avec votre chef à qui vous aviez promis de rendre le dossier Muchemuche à midi.

- Cracher le morceau sur le Père Noël alors que Chouchou, cinq ans, y croit encore mordicus mais que, personnellement, vous n'en pouvez plus de répondre aux questions de plus en plus pointues qu'il vous pose et qu'expliquer de façon rationnelle comment, en une nuit, ce satané père Noël fait pour distribuer des cadeaux à l'ensemble de la planète, c'est au-dessus de vos forces.

- Sauter des pages quand on lit une histoire trop longue et, bien évidemment, mentir les yeux dans les yeux à Poupette qui vous assure qu'avec mamie, ça dure bien plus longtemps *La Chèvre de Monsieur Seguin.*

- Répondre « je ne sais pas », quitte à passer pour une ignare absolue, à toute question métaphysique posée sur le chemin de l'école par Chouchou, alors que vous-même êtes en train de revoir mentalement la liste des courses à faire ainsi que les points principaux du dossier Muchemuche que vous allez rendre à gentil chef à midi.

- Dire « je te regarde mon chéri » à votre rejeton qui construit un magnifique château de sable alors qu'en vrai vous êtes plongée dans un article de la plus haute importance sur les amours illégitimes de Caroline de Monaco. Assurer ensuite à Chouchou, qui pleure parce qu'une vague vient de détruire son œuvre, que son château était le plus beau de toute la plage. Garder votre flegme quand Chouchou répond que c'était une étoile de mer.

- Coucher ses enfants plus tôt les soirs de *Nouvelle Star*, *Urgences* ou *24 heures chrono* (je le reconnais, j'ai un faible pour Jack Bauer).

- Arriver tellement en retard à la crèche qu'il vous faut aller chercher Poupette au commissariat. Inventer un accident improbable de bus alors qu'en réalité vous étiez avec Chloé et qu'à force de médire sur Anaïs, vous en avez oublié l'heure.

- Perdre le carnet de santé de votre enfant juste avant son opération des amygdales. Être, par conséquent, responsable du fait que Chouchou va probablement recevoir un vaccin dont il n'a pas besoin mais, dans le doute, on est obligé.

- Courir à 21 h jusqu'à la station de métro la plus proche en traînant Pupuce et Chouchou en pyjama pour leur faire tirer le portrait parce qu'ils vous assurent que, si demain ils n'ont pas leur photo d'identité, la maîtresse va les renvoyer de l'école.
- Égarer LE doudou de votre fille alors que vous avez toujours eu la flemme d'aller acheter le même en cas de perte. Lui raconter un bobard à coucher dehors sur une prétendue fée des doudous qui serait venue pour l'emmener au paradis des doudous.

Sources

[1-2] http://www.123boutchou.com/

[3] http://petitmonde.com

[4-5] *Enfants, consommation et publicité télévisée*, Monique Dagnaud, La Documentation française, 2003.

[6-9] http://www.magicmaman.com/

[7-8] Centre international des droits des pères : http://cidp31.free.fr/

[10] Étude TNS-Sofres pour le magazine *Parents*, réalisée auprès d'un échantillon représentatif de 1 000 mères de bébés âgés de 0 à 24 mois. Janvier 2007.

... et tous les « blogs de fille… » sont extraits du blog de l'auteur !

Imprimé en France par Herissey

Dépôt légal : mai 2007

ISBN : 978-2-0123-7219-1

23-50-7219-01-1